जीवन को सफल नहीं,
सार्थक बनाएँ

जीवन को सफल नहीं, सार्थक बनाएँ

राजेश माहेश्वरी

ग्रंथ अकादमी, नई दिल्ली

प्रकाशक : ग्रंथ अकादमी, 1659 पुराना दरियागंज, नई दिल्ली–110002
 / संस्करण : 2026 / मूल्य : पाँच सौ रुपए
मुद्रक : आर–टेक ऑफसेट प्रिंटर्स, दिल्ली ISBN 978-81-933974-0-4

JEEVAN KO SAFAL NAHIN, SARTHAK BANAYEN
by Rajesh Maheshwari ₹ 500.00
Published by **GRANTH AKADEMI**
1659 Old Darya Ganj, New Delhi-110002

यह पुस्तक समर्पित है
देश के सुप्रसिद्ध उद्योगपति
एवं
साहित्य मनीषी श्री हरि मोहन बांगड़
व श्रीमती राजकमल बांगड

आत्मकथ्य

जीवन और हम

जीवन में
असफलताओं को
करो स्वीकार
मत होना निराश,
इससे होगा
वास्तविकता का अहसास।
असफलता को सफलता में
परिवर्तित करने का करो प्रयास।
समय कितना भी विपरीत हो
मत डरना
साहस और भाग्य पर
रखना विश्वास
अपने पौरुष को कर जाग्रत्
धैर्य एवं साहस से
करना प्रतीक्षा सफलता की
पौरुष दर्पण है
भाग्य है उसका प्रतिबिंब
दोनों का समन्वय बनेगा
सफलता का आधार।

कठोर श्रम, दूरदृष्टि और पक्का इरादा
कठिनाइयों को करेगा समाप्त
होगा खुशियों के नए संसार का आगमन
विपरीत परिस्थितियों का होगा निर्गमन
पराजित होंगी कुरीतियाँ,
होगा नए सूर्य का उदय
पूरी होंगी सभी अभिलाषाएँ
यही है जीवन का क्रम
यही है जीवन का आधार।
कल भी था, आज भी है,
और कल भी रहेगा॥

भविष्य और निर्माण

अँधेरे को परिवर्तित करना है
प्रकाश में,
कठिनाइयों का करना है
समाधान।
समय और भाग्य पर
है जिनका विश्वास,
निदान है उनके पास।
किन रंगों और सपनों में खो गए,
सपने हैं कल्पनाओं की महक,
इन्हें हकीकत में बदलने के लिए
चाहिए प्रतिभा,
यदि हो यह क्षमता
तो चरणों में हैं सफलता।
अँधेरा बदलेगा उजाले में
काली रात की जगह होगा
सुनहरा दिन,
जीवन गतिमान होकर
बनेगा एक इतिहास,
यही देगा नई पीढ़ी को
जीवन का संदेश,
यही बनेगा सफलता का उद्देश्य।

उपरोक्त स्वरचित कविताओं की भावनाएँ मेरे जीवन का आधार रही हैं। प्रभु की सर्वश्रेष्ठ कृति है 'पृथ्वी पर मानव का जन्म'। हम जन्म से मृत्यु तक संघर्षशील रहते हैं। हम कल्पनाओं को हकीकत बनाने का प्रयास करते हैं। हमने कभी खुशी, कभी गम के बीच जो कुछ देखा, सुना और समझा, उसे प्रेरणादायक कहानी के माध्यम से प्रस्तुत किया है।

यह हमारी आनेवाली युवा पीढ़ी को रोचकता के साथ-साथ प्रेरणास्पद भी रहे, यहीं मेरा प्रयत्न है। इस पुस्तक में हमने अनेक गण्यमान्य व्यक्तियों के निजी प्रेरणादायक अनुभवों को भी शामिल किए हैं। मेरा विश्वास है कि यह पुस्तक आपको सदैव प्रेरणा देती रहेगी।

इस पुस्तक को सजाने, सँवारने में सर्वश्री श्री अभय तिवारी, राजेश पाठक, प्रवीण एवं देवेंद्र राठौर का अभूतपूर्व सहयोग प्राप्त होता रहा है, इसलिए मैं इनका हृदय से आभारी हूँ।

—राजेश माहेश्वरी

103, नया गाँव हाउसिंग सोसाइटी,

रामपुर, जबलपुर-482008 (म.प्र.)

मो. : 9425152345

अनुक्रम

ज्ञानचक्षु

डॉ. फादर डेविस जॉर्ज सेंट अलायसिस कॉलेज के पूर्व प्रधानाध्यापक एवं सेंट अलायसिस इंस्टीट्यूट ऑफ टेक्नोलॉजी के वर्तमान डायरेक्टर हैं। उन्होंने बताया कि विज्ञान धर्म के बिना अधूरा है और धर्म विज्ञान के बिना अंधा होता है। आज वर्तमान समय में विश्व के वातावरण में तापमान के बढ़ने से सारे विश्व की आबादी को खतरा बढ़ गया है। यदि हमें धरती माँ की रक्षा करनी है तो विज्ञान एवं धर्म को एक साथ एक मंच पर लाकर आबादी को शिक्षित करना चाहिए एवं जाति, धर्म, संप्रदाय व देश की सीमाओं को भूलकर संपूर्ण विश्व को एक मानते हुए मानवता की रक्षा के लिए आगे आना चाहिए।

उन्होंने आगे बताया कि 2005 में उन्हें पेंसिलवानिया विश्वविद्यालय में 10 वर्षीय वैज्ञानिक चार्लिस टाउनेस के उद्‌बोधन को सुनने का अवसर प्राप्त हुआ, जिससे उन्हें इस दिशा में काम करने के लिए आगे बढ़ने की प्रेरणा मिली। कुछ वैज्ञानिकों का उस सभा में मत था कि पृथ्वी समाप्त हो जाएगी। इसका जवाब देते हुए श्री टाउनेस ने बताया कि पृथ्वी कभी खत्म नहीं होगी, क्योंकि उसमें स्वयं को वापस पुनर्निर्मित करने की क्षमता है।

इसी दौरान गोष्ठी में उनकी मुलाकात यूगोस्लाविया के एक वरिष्ठ वैज्ञानिक से हुई। उन्हें जब पता चला कि वे भारत से आए हैं, तो उन्होंने बहुत विनम्रता से पूछा कि क्या आप महात्मा गांधी के जन्मभूमिवाले देश से आए हैं ? फादर डेविस ने गर्व से कहा कि हाँ मैं उसी भूमि से आ रहा हूँ, जहाँ सत्य और अहिंसा के पुजारी का जन्म हुआ था। उन्हें यह जानकर आश्चर्य

हुआ कि हम भारतवासी गांधीजी को भुलाते जा रहे हैं और विदेशी उनको सम्मान तथा श्रद्धा की दृष्टि से देख रहे है। जब वे सेंट अलायसिस कॉलेज में 19 वर्ष तक प्रधानाध्यापक थे तो वे अपने छात्रों को कहते थे कि शिक्षा का उद्देश्य हमारे अंदर छिपी हुई प्रतिभा को सकारात्मक रूप से बाहर लाना है। हमारा दृष्टिकोण जितना अच्छा होगा, जीवन में प्रगति के पथ पर हम उतनी ही तेजी से आगे बढ़ सकेंगे।

जीवन में हमेशा याद रखिए कि—

—मैंने मजबूती माँगी तो प्रभु ने मुझे मजबूत बनाने के लिए कठिनाइयाँ दीं।

—मैंने बुद्धि माँगी, प्रभु ने मुझे समस्याओं को निदान करने के लिए दे दिया।

—मैंने संपन्नता माँगी तो प्रभु ने मुझे दिमाग देकर इस दिशा में आगे बढ़ने की सीख दे दी।

—मैंने प्रभु से साहस माँगा, प्रभु ने मुझे संकटों को निवारण करने हेतु दे दिया।

—मैंने प्यार माँगा तो प्रभु ने कठिनाई में जी रहे लोगों की मदद करने का मौका प्रदान किया।

—मैंने खुशहाली माँगी, प्रभु ने मुझे अवसर दे दिया।

मैंने जो माँगा वह नहीं मिला, परंतु मुझे जीवन में जो आवश्यकताएँ थीं, वे सबकुछ मिल गई। फादर डेविस ने युवाओं के लिए संदेश दिया है कि जीवन को निडर होकर जिओ, कठिनाइयों का सामना करो और मन में यह दृढ निश्चय रखो कि ऐसा कोई काम नहीं, जिसे तुम नहीं कर सकते।

❑

दायित्व

प्रसिद्ध उद्योगपति श्री कैलाश गुप्ता अपने व्यापार व उद्योग से होनेवाले लाभ को अपनी संपत्ति मानते थे, सन् 1986 में उन्होंने अपने निवास पर भगवद्गीता का पारायण कराया। भगवद्गीता के पारायण में जब उन्हें यह संदेश समझ में आया कि हम अपनी संपत्ति के केवल ट्रस्टी हैं, हमारी संपत्तियाँ वास्तव में हमारी नहीं हैं, इस कथन से उनके जीवन और चिंतन की दिशा ही बदल गई। उनके मन में यह बात गहरे पैठ कर गई कि उनका कर्तव्य है—वे इस आय से अपनी न्यूनतम आवश्यकताओं की पूर्ति के उपरांत जो भी शेष बचता है, वह सामाजिक हित के उपयोग में लाएँ।

आज व्यापार और उद्योग के संचालन में घूसखोरी एक अनिवार्य अंग हो गया है। यह माना जाने लगा है कि इसके बिना व्यापार और उद्योग का सुचारु संचालन संभव ही नहीं है, लेकिन गुप्ताजी का मानना है कि यदि आप रातोरात करोड़ों-अरबों कमाना चाहते हैं तो अलग बात है, यदि आप सीमित लाभ से संतुष्ट रहकर अपने व्यापार और उद्योग को बढ़ाते हैं तो फिर आपको बेईमानी का रास्ता अपनाने की कोई आवश्यकता नहीं रह जाती। आप अपने सिद्धांतों पर अडिग रहकर ईमानदारीपूर्वक भी पर्याप्त धनोपार्जन कर सकते हैं। वे इसे स्वीकार करते हैं कि उनके विचारों में परिवर्तन से समाज में कोई बड़ा परिवर्तन न हुआ है और न ही होगा, किंतु यह नहीं सोचना चाहिए कि समाज हमें क्या दे रहा है, बल्कि हमें यह सोचना चाहिए कि हम समाज को क्या दे रहे हैं।

❑

दिशा-दर्शन

मध्य प्रदेश के पूर्व महाधिवक्ता श्री रविनंदन सिंह सिद्धि जिले से सांसद भी रह चुके हैं। उनके जीवन में उनके अग्रज का एक कथन उनके जीवन का महत्त्वपूर्ण मोड़ बन गया। वे कहते हैं कि उनकी एम.एससी. (ए.जी.) प्रथम श्रेणी में प्रथम स्थान प्राप्त करने के उपरांत अमेरिका के किसी सर्वमान्य विश्वविद्यालय से पी–एच.डी. करने की प्रबल आकांक्षा थी। कैलीफोर्निया विश्वविद्यालय में पी–एच.डी. में रजिस्ट्रेशन भी हो गया, साथ ही आई.आई. टी. खड्गपुर में भी स्कॉलरशिप के साथ पी–एच.डी. में दाखिला मिल गया। पैसों के अभाव में कैलीफोर्निया नहीं जा सका और आई.आई.टी. खड्गपुर का पंजीयन विंब के कारण निरस्त हो गया। मैं इससे बहुत विचलित हुआ।

उनके बड़े भाईसाहब, जो सीधी कोर्ट में वकालत करते थे, एक दिन बड़े सहज भाव से कहने लगे, "तुम वकालत करके हाई कोर्ट में वकालत करने का क्यों नहीं सोचते?"

"करने तो लगता, पर सोचता हूँ, क्या वकालत ईमानदारी से की जा सकती है?"

"वकालत हो या राजनीति, दोनों में सच्चाई और ईमानदारी के साथ चलकर समाजसेवा की जा सकती है और इसमें पर्याप्त अर्थ तो मिल ही जाता है।"

उनकी बात मुझे एक नया रास्ता दिखला गई। श्री सिंह रिसर्च की बात छोड़कर वकालत के क्षेत्र में आने की तैयारी करने लगे। सर हरीसिंह गौर विश्वविद्यालय सागर से एल.एल.बी. और जबलपुर विश्वविद्यालय से

एल.एल.एम. किया। उन्होंने सीधे हाईकोर्ट से वकालत प्रारंभ की। सूत्र वही रहे, जो भाई साहब ने दिए थे—ईमानदारी और सच्चाई।

परिस्थितियाँ बदलीं, उन्हें सिद्धि जिले से सांसद का चुनाव लड़ने की चुनौती को स्वीकार करना पड़ा। उन्हें सीधी की जनता ने अपना प्रतिनिधि चुनकर संसद् में स्थान दिलवाया। समय के साथ ही जबलपुर उच्च न्यायालय में वरिष्ठ अधिवक्ता मनोनीत किया गया। फिर एक समय वह भी आया, जब उनसे उच्च न्यायालय के न्यायाधीश पद के लिए सहमति माँगी गई। उन्होंने विनम्रतापूर्वक अस्वीकार किया था बाद में उन्हें मध्य प्रदेश के महाधिवक्ता के रूप में नियुक्त किया गया। आज भी सिंह साहब अपने भाई साहब द्वारा दिए गए ईमानदारी और सच्चाई के सूत्र के साथ समाजसेवा करते रहे हैं, जिसने उन्हें जीवन में संतोष और आनंद प्रदान किया है।

❑

गुरु की ममता

समकालीन हिंदी साहित्य में आचार्य भगवत दुबे एक हस्ताक्षर हैं। उनके व्यक्तित्व एवं कृतित्व पर तीन डिजर्टेशन, दो एम-फिल. एवं दो पी-एच.डी. हो चुकी हैं। अभी भी शोधकार्य जारी है। यदि उनके जीवन में उनके गुरु सनातन कुमार बाजपेयी न आए होते तो वे आठवीं पास ग्राम-सेवक होते।

उनका गाँव डगडगा हिनौता नगर से 16 किलोमीटर दूर बियावान में था। प्राइमरी स्कूल तीन किलोमीटर दूर दूसरे गाँव में था, जहाँ से उन्होंने चौथी पास की और नगर में अपने मामा के पास रहकर आठवीं तक की शिक्षा प्राप्तकर तीस रुपए प्रति माह पर ग्राम-सेवक का प्रशिक्षण प्राप्त करने लगे। वे अपने घर में सबसे बड़े थे। उनके तीन भाई और दो बहनें थीं। माता-पिता अनपढ़ और गरीब थे। तीस रुपए में से 18-20 रुपए घर भेजते और अपने हाथों से खाना बनाकर नौकरी करते।

एक दिन बाजार में उनके गुरुदेव श्री सनातन कुमार बाजपेयी ने उन्हें देखा। भगवत दुबे पढ़ने में होशियार थे और प्रथम आते थे, इसलिए उनके गुरुओं के वे स्नेहपात्र रहे। बाजपेयीजी ने उन्हें आवाज दी—भगवत!

दुबेजी ने जाकर उनके चरण स्पर्श किए। उन्होंने उनका हालचाल पूछा और कहा, "आजकल दिखते नहीं, कहाँ हो? कहाँ पढ़ते हो?"

भगवत दुबेजी ने कहा कि मैंने पढ़ाई छोड़ दी है। ग्राम-सेवक के पद पर नौकरी कर रहा हूँ। तीस रुपए प्रतिमाह मिल जाता है।

"इतने में क्या होगा? आगे पढ़ाई करो!"

दुबेजी ने कहा, "मेरे माता-पिता गरीब हैं। वे आगे की पढ़ाई का खर्च नहीं उठा सकते।"

उन्होंने समझाया और तब तक समझाया, जब तक दुबेजी की समझ में नहीं आ गया। दुबेजी ने हाईस्कूल में दाखिला ले लिया। उनके गुरुजी ने उनकी आर्थिक सहायता भी की और उन्हें अंग्रेजी भी पढ़ाई। उन्होंने विशेष योग्यता के साथ हायर सेकेंडरी परीक्षा उत्तीर्ण की और सरकारी मेडिकल कॉलेज में नौकरी करने लगे। उन्होंने एम.ए., एल.एल.बी. किया। उन्हें पदोन्नति मिली और कालांतर में वे कविताएँ लिखने लगे। अब तक उनकी 37 पुस्तकें छप चुकी हैं।

यदि उनके जीवन में सनातन बाजपेयी जैसे गुरु न मिले होते तो वे तो आठवीं के बाद पढ़ाई छोड़ चुके होते, फिर भगवत दुबे आज के आचार्य भगवत दुबे न होते।

❑

कर्म ही पूजा है

डॉ. के.सी. देवानी ख्याति प्राप्त शल्य चिकित्सक हैं। वे अपने मिलनसार स्वभाव, मधुर वाणी व सेवा-कार्य के लिए समर्पित व्यक्तित्व के रूप में भी जाने जाते हैं। उनके जीवन की एक घटना ने उन्हें चिकित्सा के क्षेत्र में नई सोच के साथ आगे बढ़ने की ओर प्रेरित किया। आज से कई वर्ष पूर्व वे जबलपुर मेडिकल कॉलेज में शल्य चिकित्सा विभाग में कार्यरत थे, उनके वरिष्ठ चिकित्सक डॉ. अनिल मिश्रा द्वारा बताया गया कि आज हमें चार-पाँच मरीजों की आकस्मिक शल्य-चिकित्सा करनी पड़ेगी, अन्यथा उनका जीवन खतरे में आ जाएगा। उनके निर्देशानुसार डॉ. देवानी ने सभी व्यवस्थाएँ पूर्ण करके, उनके सहयोग एवं मार्गदर्शन में शल्य-चिकित्सा प्रारंभ कर दी। शाम हो चुकी थी एवं दीपावली का दिन होने के कारण डॉ. देवानी अपने घर जाकर लक्ष्मी पूजन करने हेतु डॉ. अनिल मिश्रा से निवेदन कर रही थीं।

डॉ. मिश्रा ने उनको समझाते हुए कहा कि सेवा से बड़ी कोई दूसरी पूजा नहीं होती। यदि हम मरीजों को बिना शल्य-चिकित्सा के छोड़कर जाते हैं तो हो सकता है कि रात में इन्हें असीम कष्ट सहना पड़े, जो कि इनके जीवन के लिए घातक भी हो सकता है। हम सभी चिकित्सकों ने डिग्री प्राप्त करते समय यह वचन दिया है कि हम सेवा के लिए सदैव समर्पित रहेंगे। लक्ष्मीजी की पूजा में धन प्राप्ति की भी कामना रहती है, इतना कहकर उन्होंने एक रुपया निकालकर उसे अपनी दोनों आँखों पर लगाकर लक्ष्मीजी का ध्यान करने के लिए कहा और बोले, ''लो लक्ष्मीजी का पूजन हो गया। अतः अपना पूरा ध्यान पुनः शल्य-चिकित्सा की ओर केंद्रित करो और तुम प्रभु

का स्मरण करते हुए शल्य-क्रिया संपन्न करते रहो।" डॉ. देवानी ने अपने वरिष्ठ चिकित्सक के सुझाव का सम्मान करते हुए पूरी रात अपने को इस कार्य में व्यस्त रखा एवं प्रातःकाल कार्य समाप्त हो जाने के बाद डॉ. मिश्रा की इजाजत लेकर अपने घर चले गये।

घर पहुँचने पर उन्होंने जब अपने पिताजी को इस वस्तु-स्थिति से अवगत कराया तो उनकी प्रसन्नता का ठिकाना नहीं था। उन्होंने आशीर्वाद देते हुए कहा कि तुम जीवनपर्यंत इसी प्रकार सेवारत रहना। मैंने तुम्हें डॉक्टरी की शिक्षा इसलिए दिलाई है कि तुम गरीबों, जरूरतमंदों एवं सर्वहारा वर्ग के लिए समर्पित रहो, जिनके पास धन होता है, उन्हें तो अच्छी-से-अच्छी चिकित्सा सुविधाएँ प्राप्त हो जाती हैं, परंतु धनविहीन व्यक्ति अपेक्षित चिकित्सा से वंचित रहकर, धनाभाव के कारण परेशान होता रहता है। ऐसे जनमानस की सेवा करना हमारा कर्तव्य है। यदि तुम लक्ष्मी पूजा के लिए ऑपरेशन छोड़कर आ जाती और यदि रात में किसी मरीज की मृत्यु इस कारण हो जाती तो तुम जीवन में कभी भी अपने आपको माफ नहीं कर पाते। इस घटना ने उनके जीवनपथ में गहरी छाप छोड़ी और आज भी वे 'कर्म ही पूजा है' के सिद्धांत को मानते हुए इस पुनीत कार्य में लगे हुए हैं।

❑

स्मृतियाँ

श्री हर्ष पटैरिया ख्यातिलब्ध उद्योगपति हैं। वे सफल उद्योगपति होने के साथ ही धर्म को मानने और समझनेवाले, संगीत और सांस्कृतिक कार्यक्रमों में गहरी रुचि रखने व सहयोग करनेवाले व्यक्ति हैं। उनकी माताजी श्रीमती चंद्रप्रभा पटैरिया एक संवेदनशील और वात्सल्य से ओतप्रोत नारी थीं, जिनका वात्सल्य उन सभी बच्चों और नौजवानों के प्रति था, जिनमें कोई भी प्रतिभा हो और जो अपनी प्रतिभा को निखारने के लिए प्रयत्नशील हों।

वैसे तो बचपन विस्मरणों का संसार है। बच्चे किसी भी बात को चट भूल जाते हैं। पल भर में खुश हो जाते हैं, पल भर में रूठ जाते हैं, लेकिन उसी बचपन में यदि कोई बात दिल में उतर जाए तो फिर वह बच्चा उस बात को जीवन में कभी नहीं भूलता। हर व्यक्ति के मानस पटल पर कुछ छवियाँ अंकित होती हैं, जो उसके बचपन में उसके अंत:करण में अंकित हुई थीं। शायद इसी को संस्मरण कहते हैं। संस्मरण सिर्फ बचपन भर के नहीं होते हैं, वे जवानी के भी होते हैं, प्रौढ़ावस्था के भी होते हैं और बुढ़ापे के भी होते हैं। हमारे संस्मरणों में कुछ संस्मरण ऐसे भी होते हैं, जिनका संबंध हमारी विचारशीलता और हमारी मानसिकता से होता है, जिनका हमारे जीवन पर बहुत गहरा प्रभाव होता है। जिन्होंने हमारे चिंतन और हमारे जीवन को एक नई दिशा दी होती है। कभी-कभी ये घटनाएँ अत्यंत संक्षिप्त भी हुआ करती हैं।

आज भी बच्चों में रेलगाड़ी, उसकी कूकी, स्टेशन और वहाँ के वातावरण के प्रति रोमांचक उत्सुकता देखी जाती है। जिस समय वे बच्चे थे, उस समय कोयले के इंजन से चलनेवाली रेलगाड़ी चला करती थी। जब वह चलती थी

तो एक स्वर में छुक-छुक आवाज करती थी। बीच-बीच में कूकी मारती थी। बच्चे और मिमिकरी कलाकार रेलगाड़ी की उन आवाजों की नकल करके मन बहलाते और प्रसन्न हुआ करते थे।

हर्षजी ने बताया कि उस समय मैं भी बच्चा था, मेरे मन में भी रेलयात्रा के प्रति तीव्र आकर्षण था। मैं अपनी माताजी श्रीमती चंद्रप्रभा पटैरिया के साथ बॉम्बे-हावड़ा मेल के वातानुकूलित डिब्बे के कूपे में बैठा रेलगाड़ी के चलने की प्रतीक्षा कर रहा था। जैसे ही रेलगाड़ी चली, मेरी खुशी का तो ठिकाना नहीं रहा। मुझे ऐसा लग रहा था, जैसे मैं स्वर्ग की सैर कर रहा हूँ। तभी माताजी ने मुझसे पूछा, 'कैसा लग रहा है ?'

मैंने कहा, 'बहुत अच्छा।'

वे बोलीं, 'अगर परिश्रम करोगे तो जीवन भर ऐसे ही अच्छे रहोगे।'

उस समय मैं इस कथन का अर्थ नहीं समझ पाया था, किंतु यह वाक्य मेरी स्मृति में अमिट रूप से अंकित हो गया। माताजी का वह कथन मुझे याद तो तभी हो गया था, किंतु उसका अर्थ बाद में समझ में आना प्रारंभ हुआ, जब मैंने व्यावहारिक जीवन में प्रवेश किया। जब मेरे जीवन को उत्तरदायित्वपूर्ण अर्थ मिले। आज भी लगता है, जैसे मैं उस कथन को पूरी तरह समझ नहीं पाया हूँ, क्योंकि माताजी ने उस दिन मेरे जीवन में परिश्रम के महत्त्व को बैठाकर मुझे जीवन में सफलता का रहस्य समझा दिया था।

❑

राष्ट्र प्रथम

इंजीनियर डी.सी. जैन एक सुपरिचित नाम है। वर्तमान में वे एक निजी इंजीनियरिंग कॉलेज के संस्थापक एवं निर्देशक हैं। वे मेकेनिकल इंजीनियरिंग की डिग्री लेकर 1957 में 'मध्य प्रदेश राज्य शासन' की सेवा में आ गए। उन्हें 1994 में 'खरखरा परियोजना' में कार्यपालन यंत्री के रूप में पदस्थ किया गया।

दुर्ग में स्थित भिलाई स्टील प्लांट में उसकी उत्पादन की क्षमता को दुगना करने के लिए अतिरिक्त पानी की आवश्यकता थी। इसके लिए खरखरा जलाशय का काम दो साल में पूरा करना था। 'भिलाई स्टील प्लांट' रशिया सरकार ने भारत में लगाया था। इस परियोजना के लिए उनकी शर्त थी कि उनके देश की मशीनें खरीदकर उससे बाँध बनाया जाए तथा भविष्य के लिए भी हैवी अर्थ मूविंग मशीनें उनसे ही खरीदी जाएँ। खरखरा जलाशय के लिए मशीनों का टेंडर रशिया सरकार को मिला और उसमें यह शर्त रखी गई कि उनकी मशीनों को चलाकर देखा जाएगा तथा अच्छी रिपोर्ट आने के बाद अन्य परियोजनाओं के लिए मशीनें खरीदी जाएँगी।

खरखरा परियोजना के लिए मशीनें विशाखापत्तनम पोर्ट के द्वारा खर-खरा जलाशय पहुँचाई गईं। इस काम को करने का दायित्व श्री जैन को सौंपा गया।

मशीनें मिट्टी खोदने और भरकर बाँध के ऊपर लाकर डालने के काम में लगाई गईं। मशीनों के लोहे की क्वालिटी अच्छी नहीं थी। वे कुछ ही महीनों में एक के बाद एक खराब होने लगीं, श्री जैन और उनकी टीम के

सदस्य बड़ी मेहनत तथा ईमानदारी से उन्हें सुधारते व चलाते, किंतु उनमें इतने अधिक मैन्यूफैक्चरिंग डिफैक्ट थे कि उनको ठीक करते-करते वे परेशान हो गए। इसी बीच दिल्ली से 'सेंट्रल वाटर पावर कमीशन' से पत्र आया कि मशीनें कैसी चल रही हैं, इसकी विस्तृत रिपोर्ट भेजो।

श्री जैन ने एक विस्तृत रिपोर्ट सेंट्रल पावर कमीशन, नई दिल्ली को भेज दी। उस रिपोर्ट में लिखा कि मशीनों में बहुत खराबी है, इनका कार्य संतोषजनक नहीं है। दिल्ली में इस रिपोर्ट को पढ़ते ही हड़कंप मच गया। ये मशीनें रशिया सरकार डॉलर के बदले रुपयों में दे रही थी। श्री जैन को रशिया एजेंसी से चर्चा के लिए नई दिल्ली बुलाया गया। उन्होंने उनसे चर्चा में बताया कि मशीनों में क्या-क्या खराबी है और मशीनें बिल्कुल नहीं चलती हैं। उनके पास जितनी मशीनें थी, उनमें से तीस प्रतिशत ही चलती थीं, बाकी हमेशा सुधार कार्य के लिए खड़ी रहती थी। पुरजे बदलने के लिए भारतीय एजेंट के फोरमैन और मैकेनिक भी हमेशा परियोजना में ही लगे रहते थे।

उन पर दबाव बनाया जाने लगा कि वे लिखकर दे दें कि खरखरा जलाशय में रशियन मशीनें संतोषजनक चल रही हैं। चारों ओर से दबाव के साथ लालच भी दिया जा रहा था, किंतु श्री जैन ने झूठा प्रमाण-पत्र देने से साफ मना कर दिया। वे जानते थे कि उनके एक झूठे प्रमाण-पत्र से करोड़ों रुपए के मूल्य की बेकार मशीनें भारत में आ जाएँगी। उन्हें यह भी जानकारी मिली कि दूसरी परियोजना के लिए मशीनें काला सागर के बंदरगाह से रवाना होने के लिए खड़ी हैं, किंतु टेंडर की शर्तों के अनुसार जब तक खरखरा परियोजना के इंजीनियर का प्रमाण-पत्र नहीं आ जाता, तब तक टेंडर पर मशीनें भेजने के लिए हस्ताक्षर नहीं हो सकते।

श्री जैन का मत था कि देश प्रथम है, देश का विकास प्रथम है। अतएव वे अपनी जिद पर अड़े रहे। उन्होंने झूठा प्रमाण-पत्र नहीं दिया और अंत में रशिया सरकार से अतिरिक्त मशीनों की खरीदी नहीं की गई। खरखरा जलाशय पूर्ण होने के बाद श्री जैन को स्थानांतरित कर दिया गया। रशियन

मशीनें जहाँ-जहाँ भेजी गईं, सब खड़ी रही। कोई भी इंजीनियर उनसे काम नहीं करा सका। अंत में उन मशीनों को तौलकर लोहे के भाव में रायपुर और दुर्ग के कारखानों से कबाड़ियों को बेच दिया गया।

श्री जैन को आज भी इस बात की अत्यधिक प्रसन्नता है कि उन्होंने अपने देश को करोड़ों रुपए की क्षति से बचा लिया। वे लालच में नहीं पड़े। वे आज भी कहते हैं—'देश प्रथम है, देश का विकास प्रथम है।'

❑

सेवा ही धर्म है

एक वृद्ध व्यक्ति जो कि पेट फूलने के कारण असीम पीड़ा में थे, उन्हें लेकर उनके परिवारजन शासकीय चिकित्सालय में पहुँचे थे। वहाँ पर चिकित्सकों ने उनकी जाँच के उपरांत बताया कि मल न निकलने के कारण इन्हें यह तकलीफ हो रही है, उन सज्जन की अधिक उम्र होने के कारण दवाइयों से इसका इलाज संभव नहीं था। उन्हें चिकित्सकों ने सलाह दी कि इसका एकमात्र निवारण कृत्रिम तरीके से मल निकालना है, तभी इन्हें तकलीफ से मुक्ति मिल सकेगी।

इस कार्य हेतु उन्होंने एक सेवक को बुलाकर कार्यविधि समझा दी। उसने अपने हाथ में दस्ताने पहनकर अपनी उँगलियों से मल निकालना प्रारंभ कर दिया और इस कारण खून भी रिसने लगा। उनके परिवारजन यह देखकर बहुत द्रवित हो गए और उनके पोतों ने यह निर्णय लिया की इस कार्य को वह स्वयं अपने हाथों से करेंगे, ताकि दादाजी को कष्ट कम-से-कम हो सके। उनके दो पोते थे, उनमें से एक ने मल निकासी का कार्य अपने जिम्मे लिया और दूसरे ने उनकी साफ-सफाई एवं मालिश का भार अपने ऊपर ले लिया तथा उन्हें अस्पताल से वापस अपने घर ले आए।

वे दोनों बड़ी लगन, परिश्रम एवं सेवाभाव से यह कार्य लगभग एक माह तक करते रहे, जब तक उनके दादाजी जीवित रहे। उनके दोनों पोतों के पिताजी का निधन हृदयाघात के कारण पहले ही हो चुका था और इसका गहरा सदमा दादाजी के मन पर पड़ा था, जिसके कारण उन्होंने बिस्तर पकड़ लिया था।

इस सेवा के प्रति इतने समर्पण का कारण उनके परिवार की सभ्यता,

संस्कृति व संस्कार थे, जो उन्हें विरासत में मिले थे। उनके दादाजी के जीवनकाल में उनकी माँ को टी.बी. हो गई थी। यह घटना काफी पुराने समय की है, जब टी.बी. को छूत की बीमारी समझा जाता था और मरीज के पास आने से भी लोग कतराते थे। ऐसे समय में रिक्शेवाले भी टी.बी. के मरीज को बैठाकर अस्पताल तक ले जाने में भी संकोच महसूस करते थे। दादाजी ने अपनी स्वर्गीय माँ की नि:स्वार्थ भाव से बहुत सेवा की थी, उनके दोनों पोतों की माँ ने उन्हें बताया था कि ऐसी विपरीत परिस्थितियों में उनके दादाजी अपनी माँ को कंधे पर लेकर शासकीय चिकित्सालय केंटोनमेंट बोर्ड ले जाया करते थे। उन्होंने आजीवन माँ की सेवा-शुश्रुषा में कभी कोई कमी नहीं होने दी, परंतु अंत में उनकी माँ का देहावसान इस रोग के कारण हो गया था।

यह घटना इस बात की ओर इंगित करती है कि प्रत्येक पुत्र को अपने माता-पिता की अंतिम समय तक सेवा करनी चाहिए। उसकी सेवा भावना का प्रभाव संतानों पर भी पड़ता है, इसलिए परिवार की सेवा भावना का प्रभाव उनके पोतों के संस्कारों में था, जिस कारण वे अपने दादाजी की इतनी कठिन सेवा के लिए समर्पित रहे। यह सच्ची घटना जबलपुर शहर के मेरे मित्र एवं ख्यातिलब्ध व्यवसायी श्री प्रेम दुबे के परिवार की है, जिससे प्रेरणा मिलती है कि हमें अपने बुजुर्गों की सेवा के प्रति सदैव समर्पित रहना चाहिए।

❑

अनुभव

इंजी. सुरेंद्र श्रीवास्तव एक अच्छे आर्किटेक्ट माने जाते हैं। उनके कुशल मार्गदर्शन में नगर की अनेक इमारतों का निर्माण संपन्न हुआ है। एक सहकारी बैंक का निर्माण भी उनके मार्गदर्शन में हो रहा था। एक दिन उस निर्माणाधीन इमारत के निरीक्षण हेतु जनप्रतिनिधिगण शासकीय अधिकारियों के साथ पहुँचते हैं। वे अवलोकन के दौरान अपना सुझाव देते हैं कि भूकंप के दौरान सुरक्षा की दृष्टि से इमारत को अधिक मजबूती प्रदान करने हेतु समुचित प्रावधान कर दें, ताकि किसी प्रकार की कोई समस्या भविष्य में निर्मित न हो। यह सुनकर श्रीवास्तवजी ने अपनी सहमति व्यक्त करते हुए उचित निर्देश देकर उन सभी निरीक्षणकर्ताओं को प्रसन्न कर दिया। उन सभी के जाने के उपरांत श्रीवास्तवजी अपने निर्देश वापस लेकर पूर्व निर्धारित योजना अनुसार ही कार्य करने लगे।

श्रीवास्तवजी को विश्वास था कि भूकंप आने पर भी इमारत को कोई नुकसान नहीं पहुँचेगा। उनसे जब कुछ लोगों ने पूछा कि आपने यह बात उन निरीक्षणकर्ताओं को क्यों नहीं बता दी ? वे विनम्रतापूर्वक बोले कि लोग अपने को ज्ञानवान बताने के लिए किसी भी विषय पर किसी भी समय मुफ्त में अपने विचार व्यक्त करते हुए सुझाव दे देते हैं। मेरा सिद्धांत है कि जिसे ज्ञान न हो और वह उस विषय पर सुझाव दे रहा हो तो उससे बहस करना व्यर्थ में अपना समय गँवाना है। उन निरीक्षणकर्ताओं में कोई भी आर्किटेक्ट नहीं था और उनको समझाने का प्रयास करना व्यर्थ था। यदि मैं उनके सुझाव के अनुसार कार्य करता तो लाखों रुपए का खर्च बढ़कर शासकीय धन का

व्यर्थ ही अपव्यय होता, इसलिए ऐसे अवसर पर उनकी हाँ-में-हाँ मिलाकर मैंने अपना पल्ला झाड़ लिया।

उस सहकारी बैंक का निर्माण पूर्ण होने के उपरांत अचानक ही एक दिन भूकंप आ जाता है, शासकीय अधिकारीगण एवं जनप्रतिनिधिगण, जिन्होंने इमारत का निरीक्षण किया था और अपने सुझावों से आर्किटेक्ट को अवगत कराया था, वे अपनी दूरदर्शिता के लिए मन-ही-मन प्रसन्न हो रहे थे कि उन्होंने इमारत को मजबूती प्रदानकर विपरीत परिस्थितियों में ध्वस्त होने से बचा लिया। इंजी. सुरेंद्र श्रीवास्तव भी तुरंत वहाँ पहुँचे और यह जानकर कि भूकंप के कारण इमारत को कोई नुकसान नहीं हुआ है, उनका आत्मविश्वास और भी अधिक बढ़ गया। उसी समय उन निरीक्षणकर्ताओं को वास्तविकता का पता होता है कि उनके सुझावों पर अमल न करते हुए श्रीवास्तवजी ने अपनी पूर्व योजना अनुसार ही कार्य किया है तो वे झेंपते हुए आर्किटेक्ट के अनुभव और निर्माण की रूपरेखा की प्रशंसा करते हुए चले जाते हैं।

❑

प्रतिभा

'लायंस इंडिया क्लब' जो कि वर्तमान में 'अलायंस क्लब इंटरनेशनल' के नाम से जाना जाता है, के वार्षिक समारोह में अंजनी और तेजल नामक गायक कलाकारों से मेरी मुलाकात यादगार बन गई थी। वे नवविवाहित युगल थे और उन्होंने अपने गीतों की प्रस्तुति देने हेतु मंच पर जाने के पहले मेरे पास आकर, यह कहकर कि आप हमारे पिता तुल्य हैं, हमें आशीर्वाद दीजिए कि हम आगे बढ़ सकें, मुझे भाव विभोर कर दिया था।

उनके गीतों एवं गजलों की प्रस्तुति की प्रशंसा हम सभी कर रहे थे और हमारे मन में उनके उज्ज्वल भविष्य की कामना थी। वे दोनों किसी अच्छी नौकरी की तलाश में थे और मुझसे मार्गदर्शन चाहते थे। मैंने उन्हें समझाया कि आप दोनों को अपने जीवन में गायन के क्षेत्र में आगे बढ़कर बहुत नाम कमाना है, इसके लिए आपको प्रतिदिन संगीत–साधना के लिए काफी समय देना होगा, तभी आपकी प्रतिभा उभरकर श्रोताओं को आकर्षित कर सकेगी। इसलिए आपको नौकरी की तरफ अपना ध्यान न देकर संगीत–साधना के प्रति ध्यान को केंद्रित करना चाहिए। दोनों ने मेरी बात मान ली और नौकरी के विचार को अपने मानस पटल से हटा दिया।

जीवन में जब किसी की प्रगति होनी होती है तो अवसर भी किसी–न–किसी रूप में प्राप्त हो जाते हैं। उस समय मध्य प्रदेश के एक मंत्री अजय सिंहजी के सौजन्य से विधानसभा के सदस्यों के बीच गायन के कार्यक्रम हेतु इन दोनों युवा कलाकारों को अवसर प्राप्त हो गया। इन्होंने अपनी पूरी लगन, मेहनत एवं परिश्रम से अपनी प्रस्तुति दी, जिसे सुनकर सारा सभागृह

वाह-वाह एवं तालियों की गड़गड़ाहट से गूँज उठा और इस कार्यक्रम के संयोजक अजय सिंहजी ने भी प्रसन्न होकर मुझे धन्यवाद दिया। इस कार्यक्रम के बाद दोनों कलाकारों को काफी मान-सम्मान प्राप्त हुआ एवं धीरे-धीरे उन्हें विभिन्न अवसरों पर बुलाया जाने लगा।

एक दिन मैंने उन्हें सुझाव दिया कि यदि आप लोग विदेश में अपनी प्रस्तुति दें तो स्वाभाविक रूप से आपकी प्रसिद्धि और भी अधिक बढ़ जाएगी। उन्हें मेरा सुझाव पसंद आया और उन्होंने प्रयास करके लंदन में अपना कार्यक्रम आयोजित कर लिया। हम सभी ने जैसा सोचा था, वैसा ही हुआ और इसके बाद स्वदेश वापस आने पर उन्हें बड़े-बड़े मंचों पर अपनी प्रस्तुति देने हेतु आमंत्रित किया जाने लगा। इससे प्रोत्साहित होकर उन्होंने अपना स्वयं का एक 'हॉरमनी' नाम का म्यूजिकल ग्रुप बना लिया, जिसके माध्यम से वे अपना कार्यक्रम देने लगे। इस प्रकार धीरे-धीरे वे प्रगति के सोपान पर आगे बढ़ते गए और उन्होंने स्वयं का अत्याधुनिक रिकार्डिंग स्टूडियो भी स्थापित कर लिया। इससे यह प्रेरणा मिलती है कि यदि हमारा लक्ष्य सही हो तथा उसे प्राप्त करने के लिए मन में लगन और समर्पण हो तो अपनी मंजिल प्राप्त की जा सकती है।

❑

आंतरिक ऊर्जा जगाइए

राजेश पाठक प्रवीण मंच के कुशल संचालक एवं साहित्यकार हैं। उनकी अपनी विशिष्ट प्रतिभा है। ये जब मंच संचालन करते हैं तो श्रोता मंत्रमुग्ध हो जाते हैं। राजेश पाठक बी.कॉम. स्नातक हैं एवं इन्होंने पत्रकारिता में डिप्लोमा किया है। ये वर्तमान में मध्य प्रदेश विद्युत्-मंडल में कार्यरत हैं। इनके पिताजी स्वर्गीय भवानी प्रसाद पाठक जो कि पोस्ट ऑफिस में पोस्ट मास्टर थे, चाहते थे कि राजेश पाठक भी उनके बड़े बेटे डॉ. गिरीश पाठक के समान डॉ. बने या इंजीनियरिंग की पढ़ाई करके इंजीनियर बनें, किंतु ऐसा नहीं हो पाया। इनके पिताजी हमेशा कहा करते थे कि राजेश तुम जिस क्षेत्र में सेवारत हो, वहाँ निष्ठा और ईमानदारी से काम करते हुए अपने अंदर की प्रतिभा को इतना जाग्रत् करो कि तुम्हारा नाम रोशन हो सके।

राजेशजी को बचपन से ही सृजन का शौक था, उन्होंने लेखन के साथ-साथ मंच संचालन की कला को अपनाया। शुरुआत में उन्हें कुछ कठिनाइयाँ आईं, परंतु कुछ समय के बाद वे इसमें दक्ष हो गए। इन्होंने अनेक कार्यक्रम में सफलतापूर्वक मंच संचालन किया तथा पाथेय प्रकाशन के माध्यम से साहित्यिक कृतियों का संपादन किया। पाठकजी कहते हैं कि उनके माता-पिता का दिशा-दर्शन हमेशा उनके जीवन में प्रेरणास्रोत रहा है। यह उन्हीं का आशीर्वाद है कि आज संचालन के क्षेत्र में गौरव से उनका नाम लिया जाता है।

राजेश पाठकजी हमारी युवा पीढ़ी के लिए उदाहरण हैं। यह जरूरी नहीं कि सभी विद्यार्थी डॉक्टर या इंजीनियर बनकर ही जीवन पथ पर आगे

बढ़ें। हमें यह समझना चाहिए कि हमारे अंदर क्षमताएँ क्या हैं। हम इन्हें सही दिशा में विकसित करें तो उस क्षेत्र में सफल होंगे। वे कहते हैं कि उन्होंने अपनी आंतरिक क्षमता और उर्जा का सदुपयोग किया। एक समय था, जब वे 18 घंटे तक मेहनत करके अपने व्यक्तित्व को निखारने के लिए व्यस्त रहते थे। उनका कहना है कि कोई भी व्यक्ति अपनी मेहनत, लगन, निष्ठा, समर्पणशीलता से ही जीवन में प्रगति कर सकता है। हमें जीवन को जीवटता के साथ जीते हुए सकारात्मक सृजन की दिशा में बढ़ना चाहिए।

❑

आत्मबल

मानकुँवर बाई महाविद्यालय की प्राचार्या सुश्री आशा दुबे ने अपने कथन को लघु कहानियों का स्वरूप देकर इसे प्रस्तुत किया। मेरा पैतृक गाँव बघराजी है, मेरे पूर्वज वहाँ के मालगुजार थे। हम लोग कभी-कभी गाँव जाया करते थे। एक दिन बिहारी नामक किसान अपनी बैलगाड़ी पर सामान लादकर गाँव लौट रहा था, तभी उसकी बैलगाड़ी दलदल में फँस गई। उसके सभी प्रयासों के बावजूद बैलगाड़ी बाहर नहीं निकल सकी। गाँव के लोग वहाँ से निकलते और बिहारी की हालत देख, व्यंग्य से मुसकराते हुए आगे बढ़ जाते थे। उसके उद्दंड और दुष्ट स्वभाव के कारण किसी ने भी उसकी सहायता नहीं की। जब यह जानकारी गाँव के ही दूसरे किसान महीपाल को मिली, तब अपने शत्रु के प्रति भी उसका सद्भाव जाग्रत् हो उठा और उसने घटना स्थल पर जाकर अपने हृष्ट-पुष्ट बलवान बैलों की सहायता से बिहारी की गाड़ी को दलदल से बाहर निकाल लिया। बिहारी महीपाल के स्वभाव को देखकर पानी-पानी हो गया। अब वह शत्रुता छोड़कर उसका मित्र बन गया। सद्भाव शत्रुता का अंत और मित्रता का सूत्रपात करता है।

डॉ. आशा दुबे ने मुझे बताया कि उनकी कक्षा में एक ऐसी छात्रा थी, जो मासिक परीक्षाओं में बड़ी मुश्किल से उत्तीर्ण हो पाती थी। वार्षिक परीक्षा में जब उसे सर्वप्रथम स्थान मिला तो सब लोगों को बहुत आश्चर्य हुआ कि इतनी अयोग्य छात्रा सर्वप्रथम कैसे आ गई? इसने जरूर नकल की होगी और इस प्रकरण की छानबीन के लिए कॉलेज में एक जाँच समिति बैठा दी।

उस समिति द्वारा जब उस छात्रा की मौखिक परीक्षा ली गई, तब यह देखकर सब लोग बहुत आश्चर्यचकित हुए कि उसने बहुत अच्छे अंक प्राप्त किए हैं। कॉलेज में अब तो सर्वत्र उसी की चर्चा हो रही थी। एक सहेली के पूछने पर अपनी गौरवपूर्ण सफलता का रहस्य बताते हुए उस छात्रा ने कहा कि मैंने दृढ संकल्प कर लिया था कि मैं वार्षिक परीक्षा में अवश्य प्रथम स्थान प्राप्त करूँगी। मैंने मन लगाकर एकाग्रचित्त होकर मेहनत की, कठिनाइयों से निराश नहीं हुई और अपने अध्ययन में जुटी रही। मेरी सफलता, मेरे दृढ संकल्प का ही परिणाम है। सच है, दृढ संकल्पित व्यक्ति के लिए जीवन में कुछ भी असंभव नहीं है।

मेरी एक अभिन्न मित्र बहुत बीमार थी। चिकित्सीय परामर्श पर उसके स्वास्थ्य लाभ हेतु एक अलग कमरे में रखा गया था। वह अपनी खिड़की के बाहर एक वृक्ष की डाली को प्रतिदिन ध्यानपूर्वक देखा करती थी। धीरे-धीरे उस डाली से पत्तियाँ झड़कर केवल एक पत्ती शेष रह गई। मेरी बीमार सहेली को ऐसा लगा कि उस पत्ती के झड़ते ही उसका जीवन भी समाप्त हो जाएगा। यह बात उसने मुझे बताई, मैंने एक अच्छे चित्रकला में पारंगत चित्रकार को जब अपने मित्र की इस वेदना से अवगत कराया, तब उसने अपनी हार्दिक सद्भावना से प्रेरित होकर रातोरात उस शुष्क डाली को अपनी चित्रकला के कौशल से हरा-भरा बना दिया। मेरी उस बीमार मित्र ने उस डाल को जब सुबह हरा-भरा देखा तो उसका आत्मविश्वास और मनोबल अचानक जाग उठा। उसकी उदासी समाप्त हो गई और वह स्वस्थ्य होने लगी। इसका निष्कर्ष यह है कि हम अपने मनोबल और आत्मविश्वास के सहारे उल्लासपूर्ण एवं सफल जीवन जी सकते हैं।

❑

सद्विचारों की नींव

श्री अखिलेश कुमार शुक्ल एक इंजीनियर हैं। उनके प्रपिता पं. रविशंकर शुक्ल मध्य प्रांत, जिसे तब 'सी.पी. ऐंड बरार' कहा जाता था, के मुख्यंमंत्री थे। उनके पिता श्री ईश्वरीचरण शुक्ल एक प्रसिद्ध ई.एन.टी. सर्जन थे। श्री अखिलेश शुक्ल 1970 में इंजीनियरिंग की डिग्री लेने के बाद एच.ई.एल. भोपाल में काम करने लगे।

श्री शुक्ल ने 1976 में विख्यात अंतरराष्ट्रीय कंपनी कुवैत में काम करना प्रारंभ किया। कुवैत में उनका काम अच्छा जम गया। उनका परिवार भी उनके साथ था। उस समय भारत अपनी उन्नति के शिखर से दूर था। उनकी पत्नी और बच्चे सब वहाँ के माहौल में ढल चुके थे। कुवैत विश्व के सबसे अमीर देशों में से एक था। सभी तरह की वैश्विक सुख-सुविधाएँ उन्हें उपलब्ध थीं। अब कुवैत ही उनका घर बन चुका था। उनकी आय भी बहुत अच्छी थी। उनके और उनके परिवार के सभी सदस्य कुछ वर्षों तक और वहाँ रहना चाहते थे। श्री शुक्ल जीवन के चालीस बसंत पार कर चुके थे।

अचानक 1988 में उनके जीवन में एक दोराहा आया। उनके पिता का स्वास्थ्य खराब रहने लगा था। उन्हें अपने पुत्रों की देखभाल की आवश्यकता थी। उनके चाचा लोगों ने उन्हें सलाह दी कि उन्हें अब अपने देश वापस आकर अपने पिता की देखभाल करनी चाहिए और यहीं पर काम करना चाहिए। यह समय उनके लिए किसी अग्निपरीक्षा से कम नहीं था। एक ओर परिवार के सदस्य थे, जो एक वैभवशाली जीवन जी रहे थे, जबकि दूसरी ओर भारत में उनके परिवार की जीवनशैली सादा जीवन उच्च विचारोंवाली थी। प्रश्न था

कि क्या वे इस परिवर्तित जीवनशैली को स्वीकार कर पाएँगे? एक समस्या और भी थी कि अनेक वर्षों तक कठिन परिश्रम करके जो काम और नाम कुवैत में कमाया है, उसे छोड़कर भारत में फिर नए सिरे से काम जम सकेगा और क्या उसमें वैसी ही सफलता मिल सकेगी? इसके साथ ही यह भी कि जब पिता को उनकी आवश्यकता है, तब क्या वे उनकी अनदेखी कर दें?

अंत में विजय पारिवारिक संस्कारों की हुई और श्री शुक्ल ने भारत आकर अपने पिता का संबल बनने का निर्णय लिया। वे भारत आ गए। उनके आने से उनके पिता को जो प्रसन्नता हुई थी, उसे उन्होंने अनुभव तो किया है, किंतु उसका वर्णन करने में वे अपने आप को असमर्थ पाते हैं। यहाँ आकर उन्होंने नए सिरे से अपना काम प्रारंभ किया। कड़ी मेहनत की। ईश्वर की कृपा और बुजुर्गों के आशीर्वाद से उन्हें यहाँ भी सफलता मिली। उनका काम भी सुचारु रूप से चलने लगा और समाज में भी उन्हें एक प्रतिष्ठित स्थान मिला।

उनका कहना है कि यदि जीवन में सद्विचारों की नींव पर निर्णय लिए जाएँ तो सफलता और खुशहाली निश्चित ही प्राप्त होती है।

❑

निर्जीव-सजीव

जबलपुर के पास नर्मदा किनारे बसे रामपुर नामक गाँव में एक संपन्न किसान एवं मालगुजार ठाकुर हरिसिंह रहते थे। उन्हें बचपन से ही पेड़-पौधों एवं प्रकृति से बड़ा प्रेम था। वे जब दो वर्ष के थे, तभी उन्होंने एक वृक्ष को अपने घर के सामने लगाया था। इतनी कम उम्र से ही वे उस पौधे को प्यार व स्नेह करते रहे। जब वे बचपन से युवावस्था में आए, तब तक पेड़ भी बड़ा होकर फल देने लगा था। गाँवों में शासन द्वारा तेजी से विकास कार्य कराए जा रहे थे और इसी के अंतर्गत वहाँ पर सड़क निर्माण का कार्य संपन्न हो रहा था। इस सड़क निर्माण में वह वृक्ष बाधा बन रहा था। यदि उसे बचाते तो ठाकुर हरिसिंह के मकान का एक हिस्सा तोड़ना पड़ सकता था, परंतु उन्होंने वृक्ष को बचाने के लिए सहर्ष ही अपने घर का एक हिस्सा टूट जाने दिया। सभी गाँववाले इस घटना से आश्चर्यचकित थे एवं उनके पर्यावरण के प्रति प्रेम की चर्चा करते रहते थे।

पेड़ भी निर्जीव नहीं, सजीव होते हैं, ऐसी उनकी धारणा थी। इस घटना से मानो वह पेड़ बहुत उपकृत महसूस कर रहा था। जब भी ठाकुर साहब प्रसन्न होते तो वह भी खिला-खिला सा महसूस करता था। जब वे किसी चिंता में रहते तो वह भी मुरझाया सा हो जाता था।

एक दिन दोपहर के समय पेड़ की छाया में बैठे थे, तो वहाँ के मनोरम वातावरण एवं ठंडी-ठंडी हवा में झपकी लग गई और वे तने के सहारे निद्रा में लीन हो गए। उनसे कुछ ही दूरी पर अचानक से एक साँप कहीं से आ गया। उसे देखकर वह वृक्ष आनेवाले संकट से विचलित हो गया और तभी

पेड़ के कुछ फल तेज हवा के कारण डाल से टूटकर ठाकुर साहब के सिर पर गिरे, जिससे उनकी नींद टूट गई। उनकी नींद टूटने से अचानक उनकी नजर उस साँप पर पड़ी तो वे सचेत हो गए। गाँववालों का सोचना था कि वृक्ष ने उनकी जीवन-रक्षा करके उस दिन का भार उतार दिया, जब उसकी सड़क निर्माण में कटाई होनेवाली थी।

समय तेजी से बीतता जाता है और जवानी एक दिन बुढ़ापे में तब्दील हो जाती है। इसी क्रम में ठाकुर हरिसिंह भी अब बूढ़े हो गए थे और वह वृक्ष भी सूखकर कमजोर हो गया था। एक दिन अचानक ही रात्रि में ठाकुर हरिसिंह की मृत्यु हो गई। वे अपने शयनकक्ष से वृक्ष को कातर निगाहों से देखा करते थे। यह एक संयोग था या कोई भावनात्मक लगाव का परिणाम कि वह वृक्ष भी प्रातःकाल तक जड़ से उखड़कर अपने आप भूमि पर गिर गया।

गाँववालों ने दोनों के एक-दूसरे के प्रति प्रेम व समर्पण को देखते हुए निर्णय लिया कि उस वृक्ष की लकड़ी को काटकर अंतिम संस्कार में उसका उपयोग करना ज्यादा उचित रहेगा और ऐसा ही किया गया। ठाकुर साहब का अंतिम संस्कार विधिपूर्वक गमगीन माहौल में संपन्न हुआ। इसमें पूरा गाँव एवं आसपास की बस्ती के लोग शामिल थे और वे इस घटना की चर्चा आपस में कर रहे थे। ठाकुर साहब का मृत शरीर उन लकड़ियों से अग्निदाह के उपरांत पंच तत्त्वों में विलीन हो गया और इसके साथ-साथ वह वृक्ष भी राख में तब्दील होकर समाप्त हो गया। दोनों की राख को एक साथ नर्मदाजी में प्रवाहित कर दिया गया। ठाकुर साहब का उस वृक्ष के प्रति लगाव और उस वृक्ष का भी उनके प्रति प्रेमभाव आज भी प्रेरणास्पद है। यदि हमें प्रकृति को बचाना है तो वृक्षों से प्रेम करना होगा।

❑

सफलता का नींव

एक शाला में कक्षा बारहवीं के छात्रों को अध्यापक महोदय जीवन में लक्ष्य, उद्देश्य एवं संगठित होकर कार्यरत रहने से प्राप्त सफलता के विषय पर व्याख्यान दे रहे थे। उन्होंने चींटी का उदाहरण देकर बताया कि एक तिलचट्टा मरा हुआ पड़ा था, वहाँ पर कुछ ही समय बाद हजारों की संख्या में चींटियाँ आ गईं और एक लंबी कतार बनाकर उसके मृत शरीर को धीरे-धीरे खिसकाकर किसी सुरक्षित स्थान पर ले जाने का प्रयास कर रही थीं, जहाँ पर वे लंबे समय तक उसे आहार के रूप में ग्रहण कर सकें।

यदि हम इस घटना का चिंतन करें तो हम उनका लक्ष्य व उद्देश्य समझ सकते हैं, वे अपने लक्ष्य के प्रति पूर्ण लगन के साथ इतनी समर्पित थीं कि उन्हें उनके रास्ते से विमुख नहीं किया जा सकता था। यदि आप कोई अवरोध भी करने का प्रयास करेंगे तो वे उसके आसपास से आगे बढ़ने का अपना रास्ता निकाल लेती हैं। वे हर चुनौती का सामना संगठित होकर करने के लिए तैयार रहती हैं। वे अपनी जान दे देंगी, परंतु अपने कर्तव्य से विमुख नहीं होंगी। मैं आपको एक दूसरा उदाहरण हंसों का दे रहा हूँ। आप कभी भी किसी हंस को अकेला उड़ते हुए नहीं देखेंगे। ये जब भी एक स्थान से दूसरे स्थान पर जाते हैं तो अपने समूह में ही रहकर एक साथ अपना स्थान बदलते हैं। ये जब उड़ान भरते हैं तो इनका आकार इस प्रकार का रहता है कि हवा की गति का दबाव सबसे सामने रहनेवाले हंसों पर पड़ता है और वह हंस कुछ समय तक इसका सामना करता है तथा थक जाने पर पीछे होकर दूसरे

हंसों को आगे कर देता है, इस प्रकार यह क्रिया सतत चलती रहती है, जब तक कि वे गंतव्य तक न पहुँच जाएँ।

इन दो उदाहरणों से हमें समझना चाहिए कि जीवन में उद्‌देश्यपूर्ण लक्ष्य का निर्धारण करके संगठित होकर पूर्ण लगन, परिश्रम एवं समर्पण रखकर क्रियाशील रहना चाहिए। जीवन में यही सफलता का आधार है।

❑

चयन

रमेश आज डॉक्टर की उपाधि पाकर बहुत खुश था। उसके मन में यह विचार आ रहा था कि अब वह गाँवों में जाकर गरीब जरूरतमंद लोगों की सेवा करके अपने जीवन के ध्येय व उद्देश्य को पूरा करने की दिशा में कार्यरत हो सकेगा। वह अपने पुराने दिनों का स्मरण कर सोच रहा था कि वह जब दसवीं कक्षा में उत्तीर्ण हो गया था और उसे भविष्य में विज्ञान या कॉमर्स विषय में से किसी एक विषय का चयन करना था, उसके परिवारजनों का कहना था कि व्यापारिक पृष्ठभूमि होने के कारण कॉमर्स लेना उसके लिए हितकारी रहेगा, परंतु वह स्वयं विज्ञान विषय में आगे पढ़ने हेतु लालायित था।

छात्रों को भविष्य में विषयों के चयन में क्या चुनना चाहिए, इस संदर्भ में प्रधानाध्यपक महोदय ने अपने अधीनस्थ अध्यापकों की मदद से सभी छात्रों एवं उनके अभिभावकों को आमंत्रित करके, उनके विचारों को जानने का प्रयास किया। इसमें सामंजस्य स्थापित करने के लिए अध्यापकों ने अपनी महत्त्वपूर्ण भूमिका निभाई। उन्होंने सभी को समझाया कि शिक्षा जीवन का सबसे महत्त्वपूर्ण अंग है और आपके भविष्य का निर्धारण इसी पर निर्भर है। यदि आपने विषय के चयन में गलती कर दी तो आप अरुचि के कारण उससे दूर होते जाएँगे एवं अपेक्षित सफलता से वंचित रहेंगे। अभिभावकों को अपने बच्चों की रुचि में विशेष ध्यान देना चाहिए और उन्हें अपने विचारों को बच्चों पर नहीं थोपना चाहिए। इस प्रयास का परिणाम यह हुआ कि अभिभावक भी सजग हो गए और वे स्नेहपूर्वक अपने बच्चों से उनकी रुचि जानने का

प्रयत्न करने लगे। रमेश के माता-पिता ने भी उसकी विज्ञान विषय में गहरी रुचि देखकर उन्होंने अपना निर्णय बदल दिया और विज्ञान विषय के लिए सहमति प्रदान कर दी। उसी का यह सुफल है कि वह चिकित्सक बन सका। यह घटना अभिभावकों को प्रेरणा देती है कि उन्हें अपने बच्चों की अभिरुचि के अनुसार ही आगे बढ़ने के लिए प्रोत्साहन देना चाहिए।

❑

हृदय-परिवर्तन

रमेश एक व्यापारी था, जो अपनी पत्नी और पाँच वर्षीय बच्ची के साथ रहता था। एक दिन रात के तीसरे पहर में एक चोर उनके घर में घुस आया। वह बच्ची जाग रही थी और उसके माता-पिता गहरी नींद में सो रहे थे। बच्ची उस चोर को देखकर उससे बोली, "तुम्हें जो चाहिए हो, ले जाओ, मैं चाबी दे देती हूँ, परंतु मेरे माँ-पिताजी को कुछ मत करना। उनको नींद से मत उठाना।" इतना कहकर उसने अपनी माँ के तकिए के नीचे से चाबी निकालकर चोर के हवाले कर दी। चोर ने रुपए, जेवरात इत्यादि इकट्ठे कर लिये, तभी वह बच्ची बोली कि मेरे पास टॉफी और चॉकलेट भी है, यह भी ले जाओ, अपने बच्चों को दे देना। यह सुनकर वह चोर ठिठका और अपने अतीत में खो गया। उसे उस दिन की याद आने लगी, जब इसी उम्र की उसकी बच्ची बीमार थी और वह गरीबी के कारण उसका उचित इलाज नहीं करा पाया था और उसकी मृत्यु हो गई थी। उसकी अकाल-मृत्यु के कारण वह आक्रोश में चोरी का धंधा अपनाकर अमीर बनने की ख्वाहिश रखने लगा। उस बच्ची के शब्दों ने उसे भीतर तक हिला दिया और वह सब सामान वहीं पर छोड़कर बच्ची के सिर पर हाथ फेरकर चुपचाप घर से वापस चला गया।

इस घटना के कुछ दिनों पश्चात् वह बच्ची अपने माता-पिता के साथ नदी में नौका-विहार का आनंद ले रही थी। अचानक न जाने कैसे नौका असंतुलन के कारण पलट गई और वह बच्ची पानी में डूबने लगी। वह चोर व्यक्ति संयोग से उस दिन नदी किनारे स्नान कर रहा था। यह दृश्य देखकर

वह तेजी से तैरता हुआ उस बच्ची के पास तक पहुँच जाता है और उसे अथक प्रयासों द्वारा डूबने से बचाकर किनारे तक ले आता है। इस दौरान उस चोर के पेट में पानी भर जाने के कारण उसे साँस लेने में तकलीफ होने लगती है। वह बच्ची की ओर देखते हुए मुसकराकर अपनी पुरानी यादों में खो जाता है, उसी समय वह बच्ची भी उसके माथे को सहलाती है। वह बच्ची से कहता है कि बेबी, तुम्हारे उस दिन के कथन एवं व्यवहार ने मेरा हृदय परिवर्तित कर दिया था। मैंने चोरी छोड़कर परिश्रम करके जीवनयापन प्रारंभ किया है। आज मैं खुश हूँ कि जो भी कमा रहा हूँ, ईमानदारी व श्रम से प्राप्त कर रहा हूँ। मुझे अब किसी प्रकार का भय नहीं होता, क्योंकि मैं ईमानदारी के पथ पर चल रहा हूँ।

❑

समाधान

रागिनी एक संभ्रांत परिवार की पढ़ी-लिखी, सुंदर एवं सुशील लड़की थी। उसका विवाह एक कुलीन परिवार के लड़के राजीव के साथ संपन्न हुआ था। उसके माता-पिता आश्वस्त थे कि उनकी बेटी उस परिवार में सुखी रहेगी, परंतु उसके विवाह के कुछ माह बाद ही उसे दहेज के लिए प्रताड़ित किया जाने लगा और उसकी यह पीड़ा प्रतिदिन उस पर हो रहे अन्याय एवं अत्याचार से बढ़ती जा रही थी। उसका पति भी प्रतिदिन नशे का सेवन कर उसके साथ दुर्व्यवहार करने लगा था, जिससे वह बहुत दुःखी थी। एक दिन तो हद ही हो गई, जब उसके पति ने उस पर हाथ उठा दिया। उसके पड़ोसी भी उसके प्रति सहानुभूति रखते हुए उसे सलाह देते थे कि वह यह बात अपने माता-पिता को बताए एवं पुलिस की मदद भी प्राप्त करे, परंतु रागिनी समझती थी कि इससे कुछ समय के लिए राहत तो मिल सकती है, परंतु यह स्थायी समाधान नहीं है।

जब उस पर अत्याचार की पराकाष्ठा होने लगी तो उसने गंभीरतापूर्वक चिंतन-मनन करके एक कठोर निर्णय ले लिया, जो कि सामान्यतया भारतीय नारी के लिए चुनौतीपूर्ण था। उसका पति प्रतिदिन की आदत के अनुसार शाम को नशा करके घर आया और रागिनी को ऊँची आवाज में डाँटता हुआ उस पर हाथ उठाने लगा, तभी रागिनी ने उसका हाथ अपने हाथ से जोरों से पकड़ लिया तथा जब उसने दूसरा हाथ उठाने का प्रयास किया तो रागिनी ने अपनी पूरी शक्ति और ताकत से उसके इस प्रहार को रोककर उसे जमीन पर पटक दिया। वह साक्षात् रणचंडी का अवतार बन गई थी। वह समाज को

यह बताना चाहती थी कि नारी अबला नहीं, सबला है और वह अत्याचार का प्रतिरोध भी कर सकती है। अब उसने पास ही में पड़े एक डंडे से राजीव पर प्रहार कर दिया। राजीव डंडे की चोट एवं अपनी पत्नी के इस रौद्र रूप को देखकर दूसरे कमरे की ओर भाग गया। यह सत्य है कि नशा करनेवाले व्यक्ति का शरीर अंदर से खोखला हो जाता है। वह ऊँची आवाज में बात तो कर सकता है, परंतु उसमें लड़ने की शक्ति खत्म हो जाती है। राजीव की बहन उसे बचाने हेतु बीच में आई, परंतु वह भी डंडे खाकर वापस भाग गई।

यह घटना देखकर मोहल्लेवाले राजीव के घर के सामने इकट्ठे होने लगे और महिलाओं का तो मानो पूरा समर्थन रागिनी के साथ था, रागिनी एक स्वाभिमानी महिला थी, जिसने अपने माता-पिता के पास न जाकर एक मकान उसी मोहल्ले में किराए पर ले लिया। वह स्वावलंबी बनना चाहती थी, वह पाक-कला में बहुत निपुण थी। उसने इसका उपयोग करते हुए अपनी स्वयं की टिफिन-सेवा प्रारंभ कर दी। शुरू-शुरू में तो उसे काफी संघर्ष एवं चुनौतियों का सामना करना पड़ा, परंतु धीरे-धीरे सफलता मिलती गई।

आज वह एक बड़ी दुकान की मालकिन है, जिसमें सौ से भी अधिक महिलाएँ कार्य कर रही हैं। उसकी प्रगति देखकर राजीव और उसका परिवार मन-ही-मन शर्मिंदा होने लगा तथा अपनी हरकतों के कारण पूरे मोहल्ले में सिर उठाने के लायक भी नहीं रहा। हमें जीवन में संकट से कभी घबराना नहीं चाहिए। जीवन में कभी भी चिंता करने से समस्याएँ नहीं सुलझती है, समाधान पर ध्यान केंद्रित कर इस दिशा में कर्म करना चाहिए।

❑

जब जागो, तब सवेरा

शहर में हरिप्रसाद एक प्रतिष्ठित व्यवसायी थे। उनके एक मित्र ने उन्हें उकसाकर शेयर मार्केट के मुनाफे के विषय में समझा दिया। अब वे प्रतिदिन शेयर की सट्टेबाजी में रम गए और लाखों के नफा-नुकसान में उन्हें मजा आने लगा। वे जब तक यह समझ पाते कि शेयर मार्केट में प्रतिदिन खरीद एवं बिक्री में कोई मुनाफा नहीं कमा सकता, तब तक बहुत देर हो चुकी थी और वे बहुत बड़ी पूँजी गँवा चुके थे। वे यह बात भूल गए कि वे स्वयं सबको शिक्षा देते थे कि व्यक्ति को जुआ कभी नहीं खेलना चाहिए, जिसका अंत सिर्फ बरबादी ही होता है और उनके साथ भी यही हुआ।

कुछ ही माह में उनके इस शौक ने उन्हें करोड़ों रुपए का घाटा पहुँचा दिया। उन्हें जब होश आया, तब तक वे काफी नुकसान उठा चुके थे एवं दिवालिया होने की कगार पर आ गए थे। उन्होंने तुरंत ही इस काम से तौबा कर ली और शहर के एक रेस्टोरेंट जो कि घाटे में चल रहा था, उसे बहुत कम किराए पर लेकर वे इस व्यवसाय में कूद पड़े। उन्होंने अपनी मेहनत, लगन व चतुराई से इसे शहर का सर्वश्रेष्ठ रेस्टोरेंट बना दिया। वहाँ पर शहर के गण्यमान्य लोग, शासकीय अधिकारी एवं जनप्रतिनिधि इत्यादि आने लगे। हरिप्रसाद इन लोगों से धीरे-धीरे मित्रता करके व्यापारियों एवं उद्योगपतियों के काम अधिकारियों से करवाकर अपना कमीशन लेने लगा। इससे उसे बहुत आर्थिक लाभ हुआ और वह पहले से भी ज्यादा संपन्न व्यक्ति बन गया।

हरिप्रसाद ने एक बार गीता का साप्ताहिक प्रवचन बहुत उत्साह, प्रेम एवं श्रद्धा से अपने घर पर आयोजित किया, जिसमें कर्म, धर्म एवं व्यापार

से संबंधित विषय पर मार्गदर्शन दिया गया था। इसे सुनकर उसे अपने द्वारा अवैधानिक कार्यों से होनेवाली आय को उचित आय न मानकर उन्होंने पूर्णत: बंद कर दिया। उन्हें अपने द्वारा किए गए इन गलत कार्यों पर ग्लानि होने लगी। उन्होंने व्यापार संबंधी परामर्श देने हेतु व्यापारिक परामर्श केंद्र की स्थापना की, जिसका उद्‌देश्य व्यापार से संबंधित कठिनाइयों के निराकरण हेतु परामर्श देना था। उनका मत था कि यदि सही समय पर सही सलाह मिल जाए तो कठिनाइयों का हल आसान हो जाता है। इस परामर्श केंद्र में ईमानदारी और नैतिकता के साथ व्यापार करने की विधि समझाई जाती थी। हरिप्रसाद को इस कार्य के माध्यम से आंतरिक संतुष्टि एवं शांति मिलने लगी।

❑

कर्मफल

जबलपुर शहर से लगी हुई पहाड़ियों पर एक पुजारीजी रहते थे। एक दिन उन्हें विचार आया कि पहाड़ी से गिरे हुए पत्थरों को धार्मिक स्थल का रूप दे दिया जाए। इसे कार्यरूप में परिणित करने के लिए उन्होंने एक पत्थर को तराशकर मूर्ति का रूप दे दिया और आसपास के गाँवों में मूर्ति के स्वयं प्रकट होने का प्रचार-प्रसार करवा दिया।

इससे ग्रामीण श्रद्धालु-जन वहाँ पर दर्शन करने आने लगे। इस प्रकार बातों-बातों में ही इसकी चर्चा शहर भर में होने लगी कि एक धार्मिक स्थान का उद्‌गम हुआ है। इस प्रकार मंदिर में दर्शन के लिए लोगों की भारी भीड़ आने लगी। वे वहाँ पर मन्नतें माँगने लगे। अब श्रद्धालुजनों द्वारा चढ़ाई गई धनराशि से पुजारीजी की तिजोरी भरने लगी और उनके कठिनाइयों के दिन समाप्त हो गए। मंदिर में लगनेवाली भीड़ से आकर्षित होकर नेतागण भी वहाँ पहुँचने लगे और क्षेत्र के विकास का सपना दिखाकर अपनी लोकप्रियता बढ़ाने का प्रयास करने लगे।

कुछ वर्षों बाद पुजारीजी अचानक बीमार पड़ गए। जाँच के उपरांत पता चला कि वे कैंसर जैसे घातक रोग की अंतिम अवस्था में हैं। यह जानकर वे फूट-फूटकर रोने और भगवान् को उलाहना देने लगे कि हे प्रभु! मुझे इतना कठोर दंड क्यों दिया जा रहा है? मैंने तो जीवनभर आपकी सेवा की है।

उनका जीवन बड़ी पीड़ादायक स्थिति में बीत रहा था। एक रात अचानक ही उन्होंनें स्वप्न में देखा कि प्रभु उनसे कह रहे हैं कि तुम मुझे किस बात का उलाहना दे रहे हो? याद करो एक बालक भूखा-प्यासा मंदिर की शरण

में आया था, अपने उदरपूर्ति के लिए विनम्रतापूर्वक आपसे दो रोटी माँग रहा था, परंतु तुमने उसकी एक न सुनी और उसे दुत्कारकर भगा दिया। एक दिन एक वृद्ध बरसते हुए पानी में मंदिर में आश्रय पाने के लिए आया था। उसे मंदिर बंद होने का कारण बताते हुए तुमने बाहर कर दिया था। गाँव के कुछ विद्यार्थीगण अपनी शाला के निर्माण के लिए दान हेतु निवेदन करने आए थे, उन्हें शासकीय योजनाओं का लाभ लेने का सुझाव देकर तुमने विदा कर दिया था। मंदिर में प्रतिदिन जो दान आता है, उसे जनहित में खर्च न करके, यह जानते हुए भी कि यह जनता का धन है, तुम अपनी तिजोरी में रख लेते हो। तुमने एक विधवा महिला के अकेलेपन का फायदा उठाकर उसे अपनी इच्छापूर्ति का साधन बनाकर उसका शोषण किया और बदनामी का भय दिखाकर उसे चुप रहने पर मजबूर किया।

तुम्हारे इतने दुष्कर्मों के बाद तुम्हें मुझे उलाहना देने का क्या अधिकार है ? तुम्हारे कर्म कभी धर्म-प्रधान नहीं रहे। जीवन में हर व्यक्ति का उसका कर्मफल भोगना ही पड़ता है। इन्हीं गलतियों के कारण तुम्हें इसका दंड भोगना ही पड़ेगा। पुजारीजी की आँखें अचानक ही खुल गईं तथा स्वप्न में देखे गए दृश्य मानो यथार्थ में उनकी आँखों के सामने घूमने लगे और पश्चाताप के कारण उनके नेत्रों से अविरल अश्रुधारा बहने लगी।

❑

दो रास्ते

श्री रवि गुप्ता उद्योगपति होने के साथ-साथ 'महाकौशल चेंबर ऑफ कॉमर्स' के अध्यक्ष भी हैं। मैंने जब उनसे पूछा कि आप आपके जीवन का कोई ऐसा वृत्तांत बताए, जो आपके जीवन में निर्णायक मोड़ के रूप में आया हो व दूसरों के लिए प्रेरणादायी भी हो तो वे बहुत गंभीर हो गए। वे बोले, उनके पिताजी, जो बनारस हिंदू विश्वविद्यालय से स्नातक थे, उन्होंने एक इंजीनियरिंग कारखाने की स्थापना की थी उसे सुचारू रूप से चलाने हेतु मुझे इंजीनियरिंग की शिक्षा दिलवाई गई। इसके बाद उन्होंने 6 दिसंबर, 1982 को घटित उस मार्मिक दुर्घटना के विषय में बताया, जिसमें उनके पिताजी की मृत्यु एक बारात में हवाई फायर के दौरान गोली लग जाने से अचानक हो गई। वे अपने आदर्श एवं प्रिय पिता की मात्र स्मृतियों को अपने दिलों में समाए असहाय से ईश्वर के इस कृत्य के साक्षी बनकर रह गए थे।

रवि ने बताया कि अब उनके जीवन में संघर्ष का वह दिन आ गया, जब उन्हें यह निर्णय लेना था कि अपने पिता द्वारा निर्मित कारखाने को सँभाले या पैतृक व्यवसाय, जो उनके भाई-बंधुओं की सम्मिलित भागीदारी से चल रहा था, उसमें जाने का मार्ग चुनें। उनके पिताजी के संस्कारों ने यह प्रेरणा दी कि इन कठिन परिस्थितियों एवं विपरीत समय में उन्हें भाई-बंधुओं का साथ देना चाहिए, यह उनका नैतिक दायित्व था और उन्होंने निर्णय ले लिया कि वे अपने पैतृक व्यवसाय को अपनाने के मार्ग पर आगे बढ़ेंगे। इस निर्णय ने उनकी विचारधारा एवं जीवनशैली ही बदल दी।

श्री गुप्ताजी की सोच है कि जीवन सफर में कभी भी न थकते हुए सकारात्मकता के साथ 'सर्व जन सुखाय, सर्व जन हिताय' के सिद्धांत को मानकर अपना कार्य संपादित करना चाहिए, ताकि एक स्वस्थ्य समाज की चाहत पूरी हो सके।

❑

गुरुदक्षिणा

आचार्य रामदेव के सान्निध्य में अनेक छात्र शिक्षा ग्रहण करते थे। उनमें से एक केशव अपनी शिक्षा पूर्ण करने के उपरांत गुरुजी के पास जाकर उन्हें गुरुदक्षिणा हेतु निवेदन करता है। गुरुजी उसकी वाणी से समझ जाते हैं कि इसे मन में अहंकार की अनुभूति हो रही है। वे गुरुदक्षिणा के लिए उसे कहते हैं कि तुम कोई ऐसी चीज मुझे भेंट कर दो, जिसका कोई मूल्य न हो।

केशव यह सुनकर मन-ही-मन प्रसन्न होता है कि गुरुजी तो बहुत ही साधारण सी भेंट माँगकर संतुष्ट हो जाएँगे। वह जमीन से मिट्टी उठाकर सोचता है कि इसका क्या मूल्य है, तभी उसे महसूस होता है कि जैसे मिट्टी कह रही है कि वह तो अमूल्य है, वह अनाज की पैदावार करके भूख से संतुष्टि देती है, उसके गर्भ में अनेक प्रकार के खनिज एवं अमूल्य धातुएँ छिपी हैं, इनका दोहन करके मानव धन संपदा पाता है। ऐसा भाव आते ही केशव मिट्टी को छोड़ देता है और पास में पड़े हुए कचरे के ढेर में से कुछ कचरा यह सोचकर उठाता है कि यह तो बेकार है, इसका क्या मूल्य हो सकता है, वह कचरा मानो उससे कहता है कि मुझसे ही तो खाद बनती है, जो खेतों में पैदावार को बढ़ाने में उपयोगी होती है।

केशव उसे भी वापस फेंक देता है और मन-ही-मन सोचता है कि ऐसी कौन सी वस्तु हो सकती है, जिसकी कोई उपयोगिता एवं मूल्य न हो? उसको कुछ भी समझ में न आने पर वह वापस गुरुजी के पास जाता है और कहता है कि इस सृष्टि में बेकार कुछ भी नहीं है, जब मिट्टी और कचरा भी काम आ जाते हैं, तब बेकार की चीज क्या हो सकती है?

गुरुजी ने उसे अपने पास स्नेहपूर्वक बैठाकर बताया कि अहंकार ही एक ऐसी चीज है, जो व्यर्थ है और यदि इसे अपने मन से हटा दो तो सफलता के पथ पर स्वयं आगे बढ़ते जाओगे। केशव स्वामीजी का भाव समझ गया और उसने मन में प्रण कर लिया कि अब वह अहंकार को त्यागकर गुरुजी के बताए मार्ग पर ही चलेगा।

❑

आत्मनिर्भरता

रमेश एम.बी.ए. की शिक्षा पूरी होने के उपरांत एक कंपनी में सेल्समैन के पद पर कार्यरत था। वह एक मध्यम परिवार से था और इस नौकरी पर ही उसका परिवार आश्रित था। उसने अपने कठिन परिश्रम, लगन एवं समर्पण से अपनी कंपनी के उत्पादन की बिक्री एक ही वर्ष में काफी बढ़ा दी थी, जिससे वह आश्वस्त था कि इससे उसे कंपनी में शीघ्र ही तरक्की प्राप्त होगी।

एक दिन उसे कंपनी के जनरल मैनेजर ने अपने पास बुलाकर उसकी तारीफ करते हुए उसके काम की प्रशंसा की और माल की बिक्री बढ़ाने के लिए उसे धन्यवाद दिया। इसके बाद वे बोले कि मुझे बहुत दुःख के साथ तुम्हें यह बताना पड़ रहा है कि मालिक के एक निकटतम रिश्तेदार, जिन्होंने हाल ही में सेल्स से एम.बी.ए. किया है, उन्हें तुम्हारे पद पर नियुक्त किया जा रहा है। हम तुम्हें एक माह का समय दे रहे हैं, ताकि तुम कोई वैकल्पिक नौकरी खोज सको।

यह सुनकर रमेश के पाँव तले जमीन खिसक गई और उसने दुःखी एवं निराश मन से घर जाकर अपनी माँ को यह बात बताई। उसकी माँ ने उसे समझाया कि जीवन में संकट तो आते ही रहते हैं। हमें उनका दृढतापूर्वक मुकाबलाकर चुनौती को स्वीकार करके उसके निदान की दिशा में प्रयास करना चाहिए। माँ के विचारों ने उसे इन विपरीत परिस्थितियों में भी संबल प्रदान किया। यह सुनकर रमेश ने चिंता छोड़कर इसके समाधान एवं भविष्य की कार्य योजना पर गंभीर चिंतन–मनन प्रारंभ कर दिया।

उसके मन में विचार आया कि जब मैं कंपनी की बिक्री इतनी बढ़ा सकता हूँ, तो क्यों न मैं स्वयं ही इसी उत्पाद का छोटे रूप में निर्माण करके उसे बाजार में लेकर आ जाऊँ। रमेश इस दिशा में प्रयासरत हो गया और बैंक से कर्ज लेकर उसने उत्पादन प्रारंभ कर दिया। उसे बिक्री के क्षेत्र में तो महारत हासिल थी ही और अपने संपर्कों के माध्यम से उसका पूरा उत्पादन आसानी से बाजार में बिकने लगा। अब धीरे-धीरे उसने तरक्की करके उसे एक बड़ा रूप दे दिया। उसकी इस सफलता का सीधा प्रभाव उस कंपनी पर पड़ने लगा, जहाँ वह काम करता था। वह कारखाना बिक्री कम होने के कारण घाटे में जाने लगा और एक दिन बंद हो गया।

कोई भी व्यवसाय चाटुकारों और अनुभवहीन रिश्तेदारों से नहीं चलाया जा सकता है। एक दिन रमेश सोच रहा था कि प्रभु की कितनी कृपा है कि उसे नौकरी से हटाया गया और उसने आत्मनिर्भर बनने के लिए स्वयं का यह काम आरंभ कर दिया। यदि उसे नौकरी से हटाया नहीं जाता तो उसका सारा जीवन नौकरी में ही बीत गया होता और वह जीवन में सफलता के इस मुकाम पर कभी नहीं पहुँच पाता। ईश्वर जो भी करता है, हमारी भलाई के लिए ही करता है।

❑

दस्तक

श्री रवि रंजनजी मध्य प्रदेश उच्च न्यायालय में एक प्रतिष्ठित अधिवक्ता के रूप में जाने जाते हैं। उनके अनुसार जीवन जीने की कला और वकालत का ज्ञान एवं साहित्यिक अभिरुचि की प्रेरणा उन्हें उनके पिताजी सुप्रसिद्ध अधिवक्ता श्री वी.पी. श्रीवास्तवजी से प्राप्त हुई। श्री वी.पी. श्रीवास्तवजी एक बहुत ही जीवट, दृढ निश्चय एवं बहुआयामी व्यक्तित्व के धनी थे। रवि रंजन ने बताया कि उन्हें आज भी अच्छे से याद है कि उनके पिताजी कहा करते थे कि यदि कोई गरीब व्यक्ति न्याय पाने की आस में हमारे ऑफिस में आए और यदि उसके पास फीस देने की रकम न भी हो तो भी उसे कभी बाहर मत करना। उसकी बात ध्यान से सुनकर जो कुछ भी मदद हो सके, वह कानून के अंतर्गत जरूर कर देना चाहिए।

अब पिताजी 90 वर्ष के हो गए थे और उन्हें पेट में दर्द की शिकायत थी, जिसके निवारण के लिए चिकित्सकों ने ऑपरेशन कराना आवश्यक बताया था। हमने जब उन्हें इस बात से अवगत कराया तो वे मुसकराकर अपनी सहमति देते हुए बोले—

दाग इस बहर-ए-जहाँ में, किश्ति-ए-उमरे रवाँ।
जिस जगह पर जा लगी, वहीं किनारा हो गया॥

उनके इस व्यवहार से हम सभी को यह प्रेरणा मिली कि इतनी उम्र के बाद भी उनमें सहनशक्ति थी और जीवन जीने की अभिलाषा उनके मन में थी। वे दुर्भाग्यवश ऑपरेशन के उपरांत बच नहीं सके और दीपावली के अगले दिन उन्होंने अंतिम साँस ली। उनका उत्साही व्यक्तित्व, जीवन भर

अपने कर्तव्य के प्रति समर्पित एवं पूरे परिवार को एक सूत्र में बाँधने की क्षमता रखनेवाले ऐसे व्यक्तित्व से जीवन जीने की कला की प्रेरणा मिलती है। रवि रंजन ने अपने पिताजी के निर्वाण-दिवस को प्रेरणा दिवस के रूप में मनाने का निश्चय किया एवं उस दिन वे निःशुल्क रूप से गरीबों को कानून संबंधी सलाह-मशवरा देने लगे।

❑

जनआकांक्षा

श्रीमती सुशीला सिंह एक कुशल गृहणी के साथ-साथ एक कुशल प्रशासक भी हैं। राजनीति में वे गहरी पैठ रखती हैं। वे पूर्व में महापौर भी रही हैं।

उन्होंने राजनीति में रहते हुए भी ईमानदारी और नैतिकता से कभी समझौता नहीं किया। वे राजनीति में नीति को महत्त्व देती हैं। नीति-विहीन राजनीति उनके स्वभाव में नहीं है। वे राजनीति में उच्च आदर्शों की पोषक हैं। वे कहती हैं—वर्तमान में राजनीति एक व्यापार बन गई है, जिसने इसका स्वरूप विकृत कर दिया है। पहले के राजनीतिज्ञ एक प्रेरणा स्वरूप होते थे और जनता उनके पथ का अनुसरण करती थी। वे बताती हैं कि 1980 में वे मुंबई में एक समारोह में शामिल हुईं, जिसकी सहभागिता ने मन में महिला सशक्तीकरण और जागरूकता के लिए काम करने की प्रेरणा जाग्रत् की। उन्होंने संकल्प लिया कि वे जीवनपर्यंत इसके लिए समर्पित रहेंगी। उनके जीवन पर राजमाता सिंधियाजी की कार्यप्रणाली का बहुत जबरदस्त प्रभाव पड़ा और वे उन्हें अपनी प्रेरणा मानती हैं।

श्रीमती सुशीला सिंहजी का मत है कि राजनीति में जो भी प्रवेश करे, उसकी परिकल्पना, इरादे एवं मंजिल बहुत स्पष्ट होनी चाहिए। उसे सेवा करने के लिए जनता के बीच जाना चाहिए, न कि मेवा बटोरना उसका उद्देश्य हो। उनके द्वारा किए गए जनसेवा के कार्यों के लिए आज भी उन्हें याद किया जाता है। जैसे गृहनगर में फोरलेन सड़क का निर्माण, सड़कों के विस्तार हेतु धर्मस्थलों, खासकर बाजारों को अतिक्रमण क्षेत्र से हटाकर बिना विवाद के

उचित स्थल पर स्थानांतरित करना जैसे महत्त्वपूर्ण कार्यों को सफलतापूर्वक संपन्न करना रहा है। इससे यह प्रेरणा मिलती है कि योग्य नेता को उसके पद से जाने के बाद भी जनता याद रखती है व उनका सम्मान करती है। श्रीमती सिंह की कर्मठता, लगनशीलता और कार्य के प्रति समर्पण मातृशक्ति के लिए प्रेरणा का प्रतीक है।

❑

गुरु-शिष्य

श्री हरि भटनागर देश के सुप्रसिद्ध चित्रकार हैं। जिन्होंने एमब्रॉस्ड चित्रकारी में महारत हासिल की है। वे इस क्षेत्र में देश के सर्वश्रेष्ठ चित्रकारों में से एक माने जाते हैं। श्री हरि भटनागर ने ग्वालियर के विक्टोरिया कॉलेज, जो कि वर्तमान में महारानी लक्ष्मीबाई कॉलेज के नाम से जाना जाता है, वहाँ से एम.कॉम. की शिक्षा पूरी की। उनकी आर्थिक स्थिति बहुत मजबूत नहीं थी। इसलिए उन्होंने राजस्व विभाग में नौकरी की, ताकि पढ़ाई का खर्चा निकल सके। जब वे इस कॉलेज में अध्ययनरत थे, तभी ग्वालियर में 'शासकीय ललित कला एकेडमी' की स्थापना हुई। श्री भटनागर की बचपन से ही पेंटिंग के क्षेत्र में गहरी अभिरुचि थी। उन्होंने वहाँ से पूर्णकालिक डिग्री लेकर 'जे.जे. स्कूल ऑफ फाइन आर्ट', बॉम्बे और मध्य प्रदेश से संयुक्त रूप से 'एडवांस डिप्लोमा ऑफ फाइन आर्ट' किया, जिसमें उन्हें सर्वोच्च स्थान प्राप्त हुआ था। उसके बाद उन्हें ग्वालियर कॉलेज में व्याख्याता के रूप में नियुक्त किया गया।

उन्होंने बतलाया कि ललित कला संस्थान में प्रवेश हेतु उन्हें बड़े पापड़ बेलने पड़े। वहाँ के तत्कालीन प्राचार्य श्री एल.एस. राजपूत ने उन्हें अयोग्य घोषित करके उनका प्रवेश-पत्र रद्द कर दिया था। वे भारी मन से निराश होकर अपने घर जाने के लिए सीढ़ी से उतर ही रहे थे कि तभी श्री डी.डी. देवलारिकर, जो उन्हें जानते थे एवं राजपूतजी के गुरु थे, ने उनसे पूछा—क्या बात है, तो उन्होंने बताया कि मुझे प्रवेश नहीं दिया जा रहा है। यह सुनकर वे मुझे अपने साथ ऊपर ले गए और श्री राजपूत से पूछा कि इससे किस

विधि में पेंटिग बनवाई गई है। उन्होंने कहा कि वाटर मार्क में और जब वह बुलाकर डी.डी. देवलारिकरजी को दिखाई गई तो वे उससे काफी प्रभावित हुए। उनके निर्देश पर राजपूतजी को पुनः विचार करके एडमीशन देना पड़ा।

श्री देवलारिकरजी को मध्य प्रदेश शासन ने छह माह के लिए इंदौर से स्थानांतरित करके ग्वालियर वहाँ के संस्थान को व्यवस्थित करने के लिए भेजा था। वे प्रसिद्ध चित्रकार थे, जिन्होंने एम.एफ. हुसैन, बैंदले, मनोहर जोशी जैसे ख्याति प्राप्त चित्रकारों को चित्रकला की बारीकियाँ सिखलाई थी। वे पेंटिग के क्षेत्र में मील का पत्थर माने जाते थे।

हरि भटनागर ने ललित कला संस्थान में शिक्षा लेना प्रारंभ कर दिया, किंतु राजपूतजी मन-ही-मन में उनसे बहुत बैर रखते थे। एक दिन हरि भटनागर ने राजपूतजी के विषय में जानकारी प्राप्त की तो पता चला कि वे केवल दसवीं पास हैं। यह जानकर भटनागर उनके पास गए और उनसे बोले सर, 'आप कम-से-कम मैट्रिक की परीक्षा तो उत्तीर्ण कर लें, अन्यथा आपको रिटायरमेंट के बाद शासकीय सुविधाओं से वंचित होना पड़ेगा, ऐसा शासकीय नियम है।' राजपूतजी ने जब पता किया तो यह जानकारी सही पाई गई और इससे उनका हृदय परिवर्तन हो गया। वे उन्हें एक दिन अपने घर ले गए, अपनी पत्नी से मिलवाया। उनकी कोई संतान नहीं थी, वे हरि भटनागर को पुत्रवत् स्नेह देने लगे। जब उनकी मृत्यु हुई तो मुखाग्नि हरि भटनागर ने ही दी और हरिद्वार जाकर उनका तर्पण किया। जब तक श्रीमती राजपूत रहीं, हरि भटनागर प्रतिमाह उनके खर्चे के लिए रुपए भेजा करते थे। गुरु और शिष्य के बीच का ऐसा प्रेम आज दुर्लभ है और प्रेरणा का स्रोत है।

❑

जब मैं शहंशाह बना

श्री केशव कुमार अग्रवाल जो चार्टर्ड एकाउंटेंट हैं, को आज के. कुमार के नाम से जाना जाता है। उनके पिता बाबू रामकिशोर अग्रवाल 'मनोज' एक प्रतिष्ठित व्यवसायी होने के साथ ही एक लब्ध प्रतिष्ठित साहित्यकार भी थे। रामकथा के विभिन्न पक्षों पर उनके अनेक ग्रंथ हैं। यही कारण है कि श्री के. कुमार को साहित्य और कला के क्षेत्र में रुचि एवं परख संस्कारों से मिली है।

हर साल 1 जुलाई को नगर में सी.ए. डे मनाया जाता है। एक वर्ष सी.ए. डे की तैयारी के लिए सी.ए. राकेश खंडेलवाल उनके पास आए और उन्होंने उनसे सी.ए. डे पर शहंशाह का रोल करने का प्रस्ताव रखा। श्री के. कुमार उस प्रस्ताव को स्वीकार नहीं कर पा रहे थे, किंतु साथियों के दबाव में उन्हें उसे स्वीकार करना पड़ा।

कार्यक्रम के पंद्रह दिन पहले श्री खंडेलवाल उन्हें लेकर नगर की प्रसिद्ध दुकान पर कास्ट्यूम लेने गए, किंतु वहाँ वह उपलब्ध नहीं हो सकी। बिना कास्ट्यूम के यह प्रस्तुति संभव ही नहीं थी। इसके लिए उनके पुत्र सुरेश ने अपने रंगमंच के मित्र रविंदर सिंह ग्रोवर से संपर्क किया। जब बात नहीं बनी तो रंगमंडल के मेक-अप मैन श्री रोहित झा को बुलवाया गया। फिर सबने शहंशाह फिल्म देखी और तैयारियाँ प्रारंभ हो गईं। ग्रोवर ने अमिताभ बच्चन जैसे काले और चमकदार पेंट की व्यवस्था की। गमबूट के लिए सुरेश ने सामान्य बूट के ऊपर रेगजीन का खोल तैयार करवाया। श्री रोहित झा ने स्टील के जाल की जगह रस्सी का जाल बनवाकर उसे एल्यूमीनियम पेंट करवाया

तो वह बिल्कुल असली जैसा दिखने लगा। श्री रोहित झा ने ही बाजार से बाल खरीदकर बालों का विग और दाढ़ी तैयार की। इस प्रकार बड़े जतन और बड़े परिश्रम से पूरा कॉस्ट्यूम तैयार किया गया।

मोनू ने फिल्म से डायलॉग चुना।

''कौन हो तुम ?''

''रिश्ते में तो हम तुम्हारे बाप होते हैं, नाम है शहंशाह।''

तुम शायद यह नहीं जानते कि इस शहर में एक और अफसर आया है, जो पुलिस की नौकरी नहीं करता, लेकिन काम पुलिस का करता है, जो कानून की नौकरी नहीं करता, पर अपना कानून खुद बनाता है और उसका पहला हुक्म यह है कि उसके इलाके में जुर्म न अपने पैरों पर खड़ा हो सकेगा, न ही कोई कानून के सिर पर बैठकर नाच सकेगा। (फिर नेपथ्य से गाना—अँधेरी रातों में···)

उनसे कहा गया कि वे डॉयलाग याद करें, लेकिन वे अमिताभ बच्चन की आवाज का प्रभाव तो नहीं ला सकते थे। इसका रास्ता यह निकाला गया कि उस डायलॉग की सी.डी. तैयार करवाई गई। फिर शुरू हुआ रिहर्सल का सिलसिला। ग्रोवर ऑफिस के बाद आते और रिहर्सल होती। जिस दिन शो होना था, उसके एक दिन पहले शहीद स्मारक के रंगमंच पर फुल ड्रेस रिहर्सल की गई।

नियत तिथि पर शो हुआ। 6 बजे से 8 बजे तक मेरा मेकअप हुआ। आखिर उनका नंबर आया। पूरे हॉल की लाइट बंद कर दी गई। वे एक झिल्ली के परदे को फाड़ते हुए मंच पर आए। दो मिनिट का शो था। जब तक चलता रहा, लोग सीटियाँ और तालियाँ बजाते रहे। श्री खंडेलवाल इतने उत्साहित थे कि शो समाप्त होते ही आए और बोले, ''मेकअप मत उतारना। ऐसे ही ऑडियंश में जाकर बैठना है।''

आज भी वह दिन मुझे याद है। अपनी सफलता से मैं किसी बच्चे के समान उत्साहित था। आज भी वह सी.डी. देखकर गर्व अनुभव करता हूँ। मैं सोच भी नहीं सकता था कि सत्तर साल की उम्र में भी कोई ऐसा काम, जिसे जीवन में कभी न किया गया हो, वह सफलतापूर्वक किया जा सकता

है। यह सच है कि यदि हम किसी कार्य को करने का बीड़ा उठा लें, हमारे सहयोगी और मार्गदर्शक हमारे साथ हों और हम पूरे परिश्रम के साथ उसे करें तो सफलता निश्चित मिलती है। किसी भी कार्य को करने में उम्र आड़े नहीं आती।

❑

मातृ देवो भवः

डॉ. अश्विनी देशमुख नगर के युवा दंत चिकित्सक हैं। उन्होंने अंतरराष्ट्रीय स्तर के मापदंडों को ध्यान में रखते हुए अपने चिकित्सालय का निर्माण कराया है। भारत के सांस्कृतिक परिवेश से उन्हें बेहद लगाव है। सामाजिक कार्यों में वे बढ़-चढ़कर भाग लेते हैं।

उस दिन देशमुखजी मरीज देखकर आई.सी.यू. के सामने से गुजर रहे थे। आई.सी.यू. के बाहर बनी पत्थर की लंबी सीट पर मंजुलाजी चादर बिछा रही थीं। उनके चेहरे पर गूढ़ चिंता थी, आँखें सजल और बोझिल थीं। डॉ. ने पूछा कि आप अभी तक यहीं हैं ?

"हाँ, माँ की तबीयत अभी भी पूरी तरह स्थिर नहीं हुई है। आज थोड़ी बेहतर हैं।"

"तो आप यहीं इस पत्थर पर सोती हैं ?"

उन्होंने बड़ी सहजता से उत्तर देते हुए कहा, "हाँ, भगवान् की कृपा से मुझे रात को कहीं भी किसी भी स्थिति में नींद आ जाती है।"

मैंने देखा पत्थर की बेंच पर केवल चादर बिछी थी, तकिया भी नहीं था। प्रतीक्षालय में ऊपर दो सीलिंग फैन चल रहे थे, अप्रैल का महीना था। दोपहर का तापमान 42 डिग्री तक हो जाता था, रात को थोड़ी राहत होती थी।

"आप कब से यहाँ ऐसे रह रही हैं ?"

"तीन माह हो गए। मेरी माँ अंदर चार नंबर पलंग पर है। वे जीवन-मृत्यु से संघर्ष कर रही हैं। किडनी फेल है, प्रतिदिन डायलिसिस हो रहा है। वेंटीलेटर पर हैं। यह तो मेरे जीवन की परीक्षा है। कर्तव्य पूरा करने का समय है।"

माँ के विषय में बोलते हुए वे काफी भावुक हो चुकी थीं, जैसे स्वयं से ही कह रही थीं। डॉ. देशमुख के मन में एक अजीब सी सिहरन उठ रही थी। उन्होंने फिर पूछा, ''यहाँ अच्छी नींद आ जाती है ?''

''हाँ, मैं पूरे समय यहीं रहती हूँ। सिर्फ खाना खाने, कपड़े धोने और उनके लिए सूप वगैरह बनाने जाती हूँ। लगभग दो घंटे में काम पूरा हो जाता है। (वे फिर खो गईं) यही तो समय है, जब मैं अपने अस्तित्व को दुनिया में लानेवाली माँ का कर्ज चुका सकती हूँ। कैसे भूल जाऊँ कि उसने मुझे इस दुनिया में लाने में असहनीय पीड़ा सही है। उसने संस्कार दिए और दुनिया में रहने के काबिल बनाया है।

उनकी आँखें छलक रही थीं और गला रुँध रहा था। मैं भी गंभीर था। उन्हें सांत्वना देकर वहाँ से आगे बढ़ गया।

डॉ. देशमुख उस महिला के मातृप्रेम से अभिभूत हो गए। उनके कानों में मंजुला के वे शब्द आज भी गूँजते हैं। उसका वह चेहरा और पत्थर की बेंच पर बिछी हुई वह चादर आज भी उनकी आँखों में ज्यों-की-त्यों बसी हुई है। लोग कहते हैं—गुरु ही ब्रह्मा हैं, गुरु ही विष्णु हैं और गुरु ही महेश हैं। गुरु साक्षात् भगवान् हैं। उस दिन मंजुला की प्रेम और सेवा भावना देखकर उनके मन में यह बात अच्छी तरह बैठ गई है कि माता-पिता का स्थान सर्वोपरि होता है। यदि वे हमें इस दुनिया में नहीं लाए होते तो गुरु भी नहीं मिलते, इसलिए माता-पिता का स्थान गुरु से भी श्रेष्ठ है।

❑

जीवन-ज्योति

सुश्री लता गुप्ताजी मृदुभाषी, स्पष्टवक्ता, परिश्रमी व्यक्तित्व की धनी महिला हैं। ये एक सुप्रसिद्ध ब्यूटी पार्लर 'खूबसूरत' की संस्थापक हैं। इसे उन्होंने बहुत परिश्रम एवं समर्पण के साथ बनाया है। इनके मन में बचपन से ही स्वयं कुछ करने का जुनून रहा है।

वे बतलाती हैं कि बचपन से ही उन्हें पढ़ने और एक अच्छा शिक्षक बनने की प्रबल आकांक्षा थी। घर की आर्थिक स्थिति अच्छी न होने के कारण विद्यार्थी जीवन से ही पढ़ाई के साथ-साथ छोटे-मोटे काम करती थीं, जिससे कुछ आमदनी हो सके और पढ़ाई का खर्च चलता रहे। नगर में विश्वविद्यालय द्वारा एक अध्ययन केंद्र चलाया जा रहा था, जहाँ पुस्तकें लेकर वहीं पढ़कर उन्हें वापस करना पड़ता था। उस अध्ययन केंद्र में अध्ययन करके उन्होंने ग्रेजुएशन और फिर पोस्ट ग्रेजुएशन किया। पढ़ाई के दौरान ही वे राजस्थानी लहँगे, जूतियाँ, ज्वेलरी, साड़ियाँ आदि बेचा करती थीं। दिन-दिन भर पैदल भटकती थीं, ताकि जो कमाई हो, उसे जोड़ सकें। इसके बाद उन्होंने बी.एड. किया। वे शिक्षिका बनने के लिए प्रयासरत रहीं। इसके लिए उन्होंने बड़े परिश्रम से प्रतियोगी परीक्षा पास की और इंटरव्यू दिया, परंतु उनका चयन नहीं हो सका।

इस घटना ने उनके अब तक के सारे परिश्रम पर पानी फेर दिया था। उन्होंने निश्चय कर लिया कि अब वे नौकरी नहीं करेंगी, बल्कि अपना स्वयं का व्यवसाय विकसित करेंगी। पढ़ाई के दौरान उन्होंने एक ब्यूटी पार्लर में भी काम किया था। उनका वह अनुभव अब काम आया।

सुश्री गुप्ता ने अपने भाइयों की सहायता से एक ब्यूटी पार्लर प्रारंभ किया। पिछले तेरह सालों में लगन और मेहनत से काम करते हुए उन्होंने अपनी अलग पहचान बनाई। उन्होंने काम की गुणवत्ता से कभी कोई समझौता नहीं किया। आज उनके पार्लर का इतना विस्तार हो गया है कि दस से भी अधिक लड़कियाँ उनके यहाँ काम करती हैं और वे भी कम पड़ती हैं। उनका सपना है कि वे एक ऐसी संस्था प्रारंभ करें, जिसमें जरूरतमंद बुजुर्गों और अनाथ बच्चों को सम्मानजनक जीवन जीने में सहायता मिले।

❑

परिश्रम

सुनीता नाम की एक महिला उद्यमी थी, जिसने बहुत कठिन परिश्रमकर अपने व्यवसाय को उन्नति के शिखर पर पहुँचाया था। उसकी संस्था के द्वारा बनाए गए पापड़ देश के बाहर भी जाते थे। वह सभी के लिए एक प्रेरणा का स्रोत थी एवं उसका चयन स्थानीय चेंबर ऑफ कॉमर्स के द्वारा सर्वश्रेष्ठ महिला उद्यमी के पुरस्कार हेतु किया गया था।

वह नियत तिथि पर अपना पुरस्कार लेने पहुँची। वहाँ का पूरा सभागृह खचाखच भरा हुआ था, वह अपना नाम पुकारे जाने के बाद मंच पर पुरस्कार हेतु आगे बढ़ी, परंतु अचानक उसका पैर मुड़ जाने के कारण वह मंच पर अकस्मात् ही गिर गई। वह तुरंत ही उठकर खड़ी हुई और इसके पहले कि वह हँसी की पात्र बनतीं, माइक के पास पहुँचकर बोली कि मैं आयोजकों के प्रति बहुत आभारी हूँ, जिन्होंने मेरा चयन इस पुरस्कार हेतु किया है, मुझसे कई लोगों ने पूछा कि मेरी प्रगति का क्या राज है?

मैंने अभी गिरकर और उठकर सांकेतिक रूप में इस प्रश्न का जवाब देने का प्रयास किया है। मैंने जीवन में कई उतार-चढ़ाव देखे हैं एवं जीवन में उन्नति करने के लिए कई बार गिरी हूँ तथा वापस उठकर और भी अधिक लगन व परिश्रम से लक्ष्य प्राप्ति की दिशा में आगे बढ़ी हूँ। यही मेरी सफलता का राज है। जीवन में परेशानियाँ तो आती ही हैं और हमें इनका दृढतापूर्वक मुकाबला करना चाहिए एवं विचलित नहीं होना चाहिए। जीवन में चुनौती और संघर्ष के बिना हमारा विकास संभव नहीं है। उसके प्रेरक विचारों को सुनकर सारा सभागृह तालियों की गड़गड़ाहट से गुंजायमान हो उठा और उसने अपना पुरस्कार ग्रहण किया एवं धन्यवाद देती हुई चली गई। ❑

जादू की यादें

अंतरराष्ट्रीय ख्यातिप्राप्त जादूगर एस.के. निगम कहते हैं कि जादू एक कला मिश्रित विज्ञान है। जादू में कोई अलौकिक शक्ति नहीं होती, वह एक कला है। यह एक सशक्त रोजगार का साधन बन सकता है, हमारे देश को बहुमूल्य विदेशी मुद्रा दिला सकता है तथा अंतरराष्ट्रीय संबंधों में प्रगाढ़ता ला सकता है। यह एक ऐसी कला है, जिसमें लोग धर्म, जाति, भाषा, राष्ट्रीयता को भूलकर जादू को रहस्य-रोमांच की नजर से देखते हुए स्वस्थ्य मनोरंजन पाकर प्रसन्न होते हैं। श्री निगम ने अपने जीवन में जादू के प्रदर्शन के दौरान घटी कुछ रोचक एवं प्रेरणादायक घटनाओं के विषय में बताया।

वे बोले कि जब वे आस्ट्रेलिया, न्यूजीलैंड और फिजी के दौरे पर थे, तब फिजी की राजधानी सूबा में एक गुजराती परिवार की पुत्री बोली, "किसी ने मेरा कमरा बाँध दिया है, मेरी शादी की बात जहाँ भी पक्की होती है, टूट जाती है। आप जादू से ऐसा करें कि मेरी शादी तय हो जाए।" वह लड़की मेरे पैर पकड़े हुए थी, छोड़ने को तैयार ही नहीं थी। मुझे मजबूर होकर एक साधारण काले रंग का धागा उसके गले में बाँधकर किसी प्रकार अपना पीछा छुड़ाना पड़ा।

उन्होंने बताया कि जब वे प्रशांत महासागर के द्वीपों में अमरीकन समुआ आइसलैंड में थे, वहाँ की सड़कों पर आँखों के ऊपर पट्टी बाँधकर गाड़ी चलाने का प्रदर्शन आयोजित किया गया। उसे देखने के लिए वहाँ हजारों लोगों की भीड़ जमा थी। मैंने आँखों पर पट्टी बाँधकर मोटर साइकिल को चालू किया, तभी वहाँ के पुलिस कमिश्नर ने आकर पूछा, "श्रीमानजी अपना

इंटरनेशनल ड्राइविंग लाइसेंस दिखाइए, अन्यथा मैं आपको गिरफ्तार कर सकता हूँ।'' मैं अजीब स्थिति में फँस गया। मेरे पास अंतरराष्ट्रीय लाइसेंस नहीं था। यदि मैं प्रदर्शन को रद्द करता तो न केवल मेरी, बल्कि भारत देश की मेरे कारण हँसी होती। मेरे कारण देश का नाम खराब हो, यह मैं सहन नहीं कर सकता था। मैं मोटर साइकिल छोड़कर साइकिल पर सवार हो गया और आँखों पर पट्टी बाँधकर पाँच किलोमीटर का सफर पूरा किया। इससे मेरा प्रदर्शन सफलतापूर्वक संपन्न हुआ और वहाँ के कानून की अवहेलना भी नहीं हुई। दूसरे दिन वहाँ के सभी दैनिक अखबारों ने मुख्य पृष्ठ पर इस खबर को छापा।

❑

करुणा

श्रीमती गीता शरत तिवारी एक कर्मठ, व्यावहारिक एवं कुशल प्रशासक हैं। उन्होंने 1985 में घटित घटना के विषय में बहुत भावुक होकर बताया कि करुणा नाम की एक पढ़ी-लिखी संपन्न परिवार की लड़की का विवाह स्वजातीय लड़के से हुआ था। लड़की के माता-पिता ने अपनी हैसियत से भी ज्यादा दहेज दिया था व उन्हें पूरी आशा थी कि उनकी बच्ची करुणा आजीवन सुखी व प्रसन्न रहेगी। उसके विवाह के कुछ समय पश्चात् ही करुणा को पता चला कि उसके पति का किसी दूसरी लड़की के साथ प्रेम संबंध है व इसकी जानकारी लड़के के माता-पिता को भी थी, परंतु फिर भी उन्होंने यह बात छिपाकर उसका विवाह कर दिया। अब ससुराल में सबका व्यवहार करुणा के प्रति बहुत खराब होकर उसे अप्रत्याशित प्रताड़ना देना तथा दुर्व्यवहार करना हो गया। करुणा कुछ दिनों तक तो यह सब सहती रही, परंतु जब वेदना असहनीय हो गई तो उसने यह बात अपने माता-पिता को बताई। वे यह सुनकर भौचक्के रह गए और उनके दिमाग में गीता तिवारी का ध्यान आया कि वह इस मामले में जरूर उनकी मदद करेंगी।

गीताजी ने बताया कि जब वे सब बातों से वाकिफ हुईं, तब इस निष्कर्ष पर पहुँचीं कि करुणा के मामले में समझौता संभव नहीं है। इसका हल केवल संबंध विच्छेद ही है और वे इस दिशा में कार्यरत हो गईं। गीताजी के पिताजी और करुणा के ससुर आपस में अच्छे दोस्त थे, इसका लाभ उठाकर दोनों पक्षों का आपस में सहमति बनाकर संबंध विच्छेद कर दिया गया।

करुणा का विवाह गीताजी के सहयोग से एक दूसरे परिवार में किया

गया, जहाँ पर आज भी वह बहुत खुशी से रह रही है। इस प्रकार का पहला मामला श्रीमती गीता तिवारी के जीवन में आया था। इससे शिक्षा लेकर उन्होंने 1986 में 'अखिल भारतीय महिला परिषद्' के अंतर्गत 'प्रयास परिवार परामर्श केंद्र' की स्थापना की, ताकि महिलाओं को उत्पीड़न से बचाकर समय पर कानूनी काररवाई की जा सके। इसी की तर्ज पर कुछ वर्षों बाद 1992 में पुलिस परिवार परामर्श केंद्र प्रारंभ हुआ। इन परामर्श केंद्रों से समाज काफी लाभान्वित है एवं महिलाओं के उत्पीड़न के मामले में भी कमी आई है।

❑

योजना

मानसी मेहनती, बुद्धिमान एवं अपने कार्य के प्रति समर्पित महिला थी। वह कंप्यूटर में डिप्लोमा लेकर एक कंप्यूटर कंपनी में कार्यरत थी। उसने कड़ी मेहनत करके उस कंपनी के कंप्यूटरों की बिक्री एक वर्ष में ही दुगुनी कर दी थी। उसके स्वभाव में एक बहुत बड़ी कमजोरी थी कि वह बहुत जल्दी क्रोधित हो जाती थी और ऐसे समय में स्वयं पर नियंत्रण खोकर अपने उच्चाधिकारियों से भी असभ्यता से पेश आती थी। उसके इस स्वभाव के कारण अधिकारियों की स्थिति बड़ी अजीब होकर उन्हें नीचा देखना पड़ता था। मानसी मन में आश्वस्त थी कि उसे सेल्स मैनेजर का पद उसकी मेहनत और कार्य-क्षमता को देखते हुए मिल जाएगा। जब पदोन्नति का अवसर आया तो उच्चाधिकारियों ने उसके क्रोधी स्वभाव की आदत के कारण उसकी जगह किसी दूसरे को सेल्स मैनेजर का पद दे दिया।

यह बात पता होते ही मानसी गुस्से से तमतमा उठी और उसने अपने बॉस के केबिन में जाकर उनसे इसका कारण पूछा? बॉस ने कहा कि तुम्हारे क्रोधी स्वभाव की वजह से तुम्हारी पदोन्नति नहीं हो सकी। अतः तुम अपने स्वभाव में परिवर्तन करो। मैं तुम्हें आश्वस्त करता हूँ कि अगले वर्ष तुम्हें अवश्य पदोन्नति मिलेगी। यह सुनकर मानसी ने कहा कि वह एक साल तक इंतजार नहीं कर सकती और गुस्से में तमतमाते हुए उसने अपना इस्तीफा दे दिया। उसके कुछ दिनों बाद एक दूसरी प्रतिद्वंद्वी कंप्यूटर कंपनी ने उसे अपने यहाँ सेल्स मैनेजर के पद पर नियुक्त कर दिया। मानसी मेधावी तो थी ही, उसने कुछ ही महीनों में इस कंपनी की बिक्री बढ़ाकर अपने उच्चाधिकारियों

को संतुष्ट कर दिया। इसका सीधा प्रभाव उस कंपनी पर पड़ा जहाँ वह पहले कार्य करती थी और उस कंपनी के घाटे में जाने की संभावना के कारण उसके मालिकों ने उसे बेचने का निर्णय ले लिया।

एक दिन मानसी घर पर गंभीरतापूर्वक विचार कर रही थी कि वह पुरानी कंपनी को खरीदने का सुझाव अपने मालिकों को दे दे। उसके मन में दूसरा विचार यह भी आ रहा था कि उसके संपर्क विक्रय विभाग में कार्य करने के कारण बाजार में सभी से बन गए हैं तो वह स्वयं ही बैंक से लोन लेकर कंपनी का अधिग्रहण कर ले। वह आवश्यक पूँजी जुटाकर कंपनी का अधिग्रहण करके मालिक बन जाती है। इतने गरिमापूर्ण पद पर आने के बाद वह अपने स्वभाव में पूर्णतः तब्दीली लाकर व्यावहारिक दृष्टिकोण अपना लेती है।

वह अपनी कड़ी मेहनत, ईमानदारी एवं स्पर्धा में कम कीमत रखने के कारण पूरे बाजार में छा जाती है। एक दिन ऐसा समय भी आ जाता है कि दूसरी कंप्यूटर कंपनी को भी वह खरीद लेती है। वह धीरे-धीरे उन्नती करते हुए कंप्यूटर्स उत्पादन के क्षेत्र में सर्वोच्च ऊँचाई पर पहुँच जाती है। उसके जीवन की यह संघर्ष गाथा यह बताती है कि महिलाएँ भी किसी भी क्षेत्र में पुरुषों से कमजोर नहीं हैं। वे परिश्रम से स्वावलंबी बनकर प्रेरणास्रोत बन सकती हैं।

❑

उदारता

डॉ. विष्णु अग्निहोत्री राष्ट्रीय स्तर के एक अच्छे चित्रकार हैं। उन्होंने नाइफ के काम में मियामी विश्वविद्यालय अमरीका से शिक्षा प्राप्त की है। बचपन से ही उन्हें चित्रकारी का शौक था और सीमित आर्थिक संसाधनों से जो भी संभव था, उससे अपनी पेंटिंग बनाया करते थे। उनकी बहुत इच्छा थी कि वे विदेशों में अपनी कला का प्रदर्शन करें। इसके लिए वे धन-संग्रह करते रहते थे। उनके जीवन की सारी कठिनाइयों के बाद भी उनकी लगन और परिश्रम ने उन्हें वह सब दिया, जो वे चाहते थे।

यह बात उन दिनों की है, जब वे अपनी पेंटिंग्स के कारण चर्चित और स्थापित हो चुके थे। एक बार उन्हें एक सरकारी प्रस्ताव मिला, जिसमें उनकी पेंटिंग्स की बिक्री की जानी थी और उससे प्राप्त होनेवाली आय को अंध-मूक-बधिर बच्चों के लिए दिया जाना था। आयोजन अच्छी तरह सफल रहा। उनकी पेंटिंग्स अच्छे दामों में बिक गईं और प्राप्त राशि को अंध-मूक-बधिर बच्चों के लिए दे दिया गया। उस आयोजन और उसके उद्‌देश्य से वे इतने प्रभावित हुए कि तब से लेकर अब तक वे अपनी पेंटिंग्स से होनेवाली आय में से खर्च काटकर प्राप्त समस्त राशि को अंध-मूक-बधिर बच्चों के लिए दे दिया करते हैं। एक आयोजन ने उनके जीवन में एक ऐसा परिवर्तन कर दिया, जो उन्हें आत्म-संतोष और मानसिक शांति प्रदान करता है। वे कहते हैं कि हम सोचते बहुत कुछ हैं, किंतु करनेवाला ईश्वर ही होता है। वह हमसे जब और जो कराना चाहता है, हम वही करते हैं।

❑

कर्तव्य

श्री इंद्र प्रकाश अग्रवाल एक व्यापारी हैं। उनकी युवावस्था में एक दिन उनका पूरा परिवार, जिसमें उनकी माँ और तीनों भाई शामिल थे, रामगंगा नदी बरेली में नहाने गए थे। वे स्नान करके एक टीले पर बैठे थे और ठंडी हवा के झोकों का आनंद ले रहे थे। अचानक ही उन्होंने देखा कि उनका छोटा भाई पानी के बहाव में अपना संतुलन खोकर नदी में बहने लगा है। यह देखकर बिना समय गँवाए टीले से कूदकर वे उसे बचाने के लिए तैरते हुए उसके पास पहुँचे। अनुभवहीनता के कारण उसके द्वारा उन्हें पकड़ लेने से वे भी नदी में डूबने लगे। उनकी माँ और उनके भाई डर के मारे चीख रहे थे तथा उन्हें बचाने की गुहार लगा रहे थे।

ईश्वर की लीला निराली होती है। नदी में एक मल्लाह कुछ दूरी पर ही अपनी नाव में बैठा था। जैसे ही उसका ध्यान उनकी ओर गया, वह बड़ी तत्परता के साथ नाव लेकर उन्हें बचाने के लिए तेजी से उनके पास पहुँच गया। उसके सहयोग से दोनों भाई नाव पर आ गए। उनके प्राणों की रक्षा हो चुकी थी।

तट पर आने के बाद परिवार के सभी लोग उस मल्लाह का आभार मान रहे थे। उनकी माँ की आँखें खुशी से छलक रही थीं। उन्होंने उस मल्लाह को इस कार्य के लिए पुरस्कृत करने का प्रयास किया। मल्लाह ने विनम्रता के साथ कहा, ''मुझे जो भी देना है, वह रामगंगा मैया दे देंगी। मैंने तो अपना फर्ज पूरा किया है।'' यह कहते हुए उसने कोई पुरस्कार स्वीकार नहीं किया और वापस अपनी नाव को लेकर आँखों से ओझल हो गया।

आज इंद्र प्रकाशजी व्यापार से भी निवृत्त होकर आध्यात्मिक जीवन बिता रहे हैं और उनका वह छोटा भाई वेटनॉरी डॉक्टर के रूप में अपनी सेवाएँ मोतीबाग वेटनॉरी हॉस्पिटल दिल्ली को देने के बाद सेवानिवृत्त हो चुका है, किंतु वे आज भी उस मल्लाह के स्वाभिमानी शब्दों एवं कर्तव्य परायणता को जीवन की प्रेरणा मानते हैं।

❑

संतोष

प्रह्लाद अग्रवाल एक व्यवसायी हैं। कुछ साल पहले वे मकराना, राजस्थान अपने भतीजे संजय अग्रवाल के साथ संगमरमर खरीदने के लिए गए थे। वहाँ पर संगमरमर पसंद करने के बाद उसका भुगतान करके एक ट्रक में लदवा रहे थे। उसी समय ट्रक-ड्राइवर और लदान करनेवाले एक मजदूर के बीच झगड़ा हो गया। बात इतनी बढ़ गई कि उस ड्राइवर ने ट्रक में रखे सब्बल को निकाल लिया और क्रोध में आकर वह उस सब्बल को उस मजदूर के सिर पर मारने के लिए आगे बढ़ा। उसे बढ़ता देखकर उस समय अचानक उनकी कैसी मति हो गई कि उन्होंने उस मजदूर को दूसरी ओर खींच लिया। इस प्रयास में उसका वह सब्बल उनके हाथों को घायल करता हुआ निकल गया। तब तक आसपास के लोग भी बीच-बचाव करने आगे आ चुके थे। उन्हें शांत करने के बाद लोग प्रह्लाद को सीधे अस्पताल ले गए।

कलाई के पास और अगुलियों की हड्डियाँ टूट चुकी थीं, चोट घातक थी। प्लास्टर बाँध दिया गया। पूरी तरह स्वस्थ्य होने में दो माह से भी अधिक का समय लगा। एक ओर तो चोट की पीड़ा थी, किंतु दूसरी ओर यह संतोष था कि उनके प्रयास ने एक जान की रक्षा कर ली। चोट तो कुछ समय में ही ठीक हो गई और सारी पीड़ा समाप्त हो गई, किंतु वह संतोष आज भी अनुभव होता है।

❑

सफलता के सोपान

राजीव गौतम एक प्रसिद्ध व्यवसायी हैं। उन्होंने कड़ी मेहनत और लगन से अपने व्यापार को फर्श से अर्श तक पहुँचाया। उनके परिवार की पृष्ठभूमि व्यावसायिक नहीं थी, किंतु वे इस क्षेत्र में आगे बढ़ने के लिए कृत संकल्पित थे। उनके पिता एक राष्ट्रीयकृत बैंक में उच्चाधिकारी थे। उन्होंने यह जानकर कि राजीव की इच्छा व्यापार करने की है, उन्हें अपने मित्र श्री एस.पी. धीर से मिलवाया, जो आगरा के एक प्रसिद्ध व्यवसायी थे। उन्होंने अपने व्यापार को बढ़ाने के दृष्टिकोण से 'कोको कोला कंपनी' के उत्पादनों के वितरण का नया काम आरंभ किया, जिसमें उन्होंने राजीव को अपना बीस प्रतिशत का भागीदार बनाया और व्यापार सीखने में भी मदद दी। राजीव ने सुबह 6 बजे से रात के 12 बजे तक कड़ी मेहनत करके उनके व्यापार को कई गुना बढ़ा दिया। श्री धीर ने कार्य के प्रति उनकी निष्ठा, समर्पण और लगन को देखते हुए उनकी भागीदारी बीस प्रतिशत से बढ़ाकर चालीस प्रतिशत कर दी। उन्होंने लगभग चार वर्ष तक यह कार्य किया, तभी केंद्र में सत्ता परिवर्तन हो जाने के कारण राष्ट्रीय नीति के अंतर्गत कोका कोला के प्लांट को बंद करा दिया गया।

अब राजीव नए व्यापार की तलाश में जुट गए। उसी समय उनका एक मित्र आगरा में एच.एम.टी. ट्रैक्टर का वितरक था तथा वह अच्छा लाभ भी कमा रहा था। उसने इन्हें सुझाव दिया कि जबलपुर संभाग में अभी कोई एच.एम.टी. का वितरक नहीं है। यदि तुम प्रयास करो तो वहाँ के वितरक बन सकते हो। उसके परामर्श पर इन्होंने एच.एम.टी. की डीलरशिप ले ली और

जबलपुर आ गए। उस समय इनके पास कुल जमा पूँजी अठहत्तर हजार रुपए ही थी। इनके ससुर ने भी इनकी मदद की और बैंक से साढ़े तीन लाख का कर्ज अपनी गारांटी पर दिलवा दिया। इन्होंने जबलपुर आकर अपना ऑफिस खोला और पाँच सौ रुपए प्रतिमाह के किराए पर दो दुकानें लेकर कंपनी से सात ट्रैक्टर शोरूम में रखकर उनकी बिक्री के लिए प्रयासरत हो गए।

राजीव को उस समय गहरा सदमा लगा कि ट्रैक्टर खरीदना तो दूर, कोई उसकी जानकारी लेने तक नहीं आ रहा था। उन्हें अब अपनी पूरी रकम डूबती नजर आ रही थी, क्योंकि यहाँ के किसान पुराने ढर्रे पर चल रहे थे। वे मशीनों के माध्यम से उन्नत खेती करने के इच्छुक नहीं थे। इस पूरे संभाग में एच.एम.टी. ट्रैक्टर का नाम भी कोई नहीं जानता था। इस विपरीत परिस्थिति को चुनौती के रूप में स्वीकार करते हुए दिन-रात परिश्रम करके मोटर साइकिल से नरसिंहपुर, दमोह, सागर मंडला और कटनी तक के ग्रामीण क्षेत्रों में ठंड, गरमी व बरसात की परवाह न करते हुए जाकर किसानों को समझाकर उन्होंने अपने व्यापार को बढ़ाया तथा पहले ही वर्ष में सत्तर ट्रैक्टर बेचकर अपनी पूँजी को दुगना कर लिया। इस उपलब्धि को देखते हुए कंपनी ने उन्हें पुरस्कृत करते हुए प्रदेश के दूसरे संभागों का वितरण भी सौंप दिया। उन्होंने बारह वर्षों तक इस कार्य को सँभाला। इसके बाद तो इस व्यापार में उनकी तूती बोलने लगी। उन्होंने 1983 में 'बजाज टैंपो लिमिटेड' के उत्पादनों की डीलरशिप ले ली। इसके बाद 1986 में मारुति कार का जबलपुर, सागर और रीवा संभाग का तथा 1993 में इंदौर संभाग का वितरण लेकर तेइस वर्षों तक उसका कुशल संचालन किया। वे मध्य प्रदेश और छत्तीसगढ़ के सबसे बड़े डीलर के रूप में जाने जाते रहे।

वे कहते हैं कि ईश्वर पर अटूट विश्वास, कड़ी मेहनत, लगन और अपने ग्राहक की संतुष्टि को प्राथमिकता देकर ही किसी भी व्यापार में सफल हुआ जा सकता है। हमारे मन में सफलता प्राप्त करने की दृढ इच्छाशक्ति और आत्मविश्वास भी होना चाहिए। जीवन में आनेवाले संघर्षों से विचलित हुए बिना कार्य करते रहना चाहिए।

❑

जन-सेवा

रामप्रसाद तिवारी नाम के एक ठेकेदार जिनका काम ट्यूबवेल के बोर की खुदाई का था, अपने नेत्रहीन होने के बावजूद सुचारु रूप से कर लेते थे। उन्हें एक विलक्षण प्रतिभा प्राप्त थी कि वे मिट्टी को चखकर उसके प्रकार की कि वह काली मिट्टी है या पीली-पथरीली है या मुरम, कड़क है या खोखली आदि बता देते थे। वे इसके साथ-साथ कौन सी मिट्टी, कितने फीट गहराई तक है, इसे भी लगभग सही बता देते थे। उनकी इस प्रतिभा को देखकर सभी आश्चर्यचकित रह जाते थे। उनके नेत्रहीन होने के कारण उनको कोई खुदाई के संबंध में बेवकूफ नहीं बना सकता था।

वे बहुत दयालु एवं वक्त पड़ने पर मददगार स्वभाव के व्यक्तित्व के धनी थे। एक बार गलती से 12 इंच के बारे में लगभग दस फीट गहराई पर एक छोटा बच्चा गिरकर अंदर चला गया। वहाँ पर इस दुर्घटना से हाहाकार मच गया और पुलिस भी आ गई। रामप्रसाद को जैसे ही यह सूचना प्राप्त हुई, वे अपने बच्चे को लेकर दुर्घटना स्थल पर पहुँचे और वहाँ खड़ी भारी भीड़ को एवं गिरे हुए बच्चे के माता-पिता को बोले कि आप लोग शांत रहिए। इतना कहकर उन्होंने अपने बच्चे के पाँव में रस्सी बाँधी और उसको उलटा लटकाकर नीचे गहरे गड्ढे में उतार दिया। उस बच्चे ने गिरे हुए बच्चे का हाथ पकड़ लिया एवं रस्सी को ऊपर खींचने का इशारा कर दिया। इस प्रकार दोनों बच्चे सुरक्षित ऊपर आ गए। उस बच्चे के माता-पिता की खुशी

का कोई अंत नहीं था, वे बारंबार तिवारीजी का धन्यवाद दे रहे थे। आज भी उनकी जन सेवा को लोग याद करते हैं। उन्होंने अपने जीवन में नेत्रहीनता को अभिशाप नहीं समझा और आत्मबल एवं आत्मसम्मान के माध्यम से स्वरोजगार को अपनाते हुए अपना जीवन सुखपूर्वक व्यतीत किया।

❑

स्मृति गंगा

मैं आज अपने अतीत की ओर देख रहा था, जब मैं कक्षा ग्यारहवीं उत्तीर्ण करके महाविद्यालय में प्रवेश लेनेवाला था। हमारी शाला की परंपरा के अनुसार प्रधानाचार्य महोदय ने शाला छोड़ने से पहले विदाई समारोह में अपना प्रेरक उद्‍बोधन देते हुए कहा कि तुम सभी की हायर सेकेंड्री तक की शिक्षा पूरी हो चुकी है। मैं तुम सभी के उज्ज्वल भविष्य एवं सफल जीवन की कामना करता हूँ। इस शाला से विदा होने के पूर्व मैं तुम सभी को कुछ व्यावहारिक बातें बताना चाहता हूँ, जो संभवतः तुम्हारे जीवन में सहायक होंगी।

जीवन में समझदार व्यक्ति कठिन परिस्थितियों में भी अपने प्रतिद्वंदी की गतिविधियों से ही उसके आगे की कार्य योजना को भाँपकर अपने को सुरक्षित कर लेता है, परंतु मूर्ख व्यक्ति सबकुछ जानकर भी नहीं सँभलता और तिरस्कार का पात्र बनता है।

ज्ञान एक ऐसी दिव्य ज्योति है, जिसके बिना जीवन अपूर्ण है। इस ज्योति का प्रकाश कभी समाप्त नहीं होता। ज्ञान अनंत है, जितना आपकी क्षमता हो, आप उतना प्राप्त करके जीवन में आगे बढ़ सकते हैं।

कोई व्यक्ति दीन, हीन एवं गरीब हो, उसे तुम उसकी गलती पर डाँटकर अपनी बात कह सकते हो, परंतु उसका अपमान कभी मत करना अन्यथा वह जीवनपर्यंत तुमसे बदला लेने का प्रयास करता रहेगा।

जीवन में एक साथ कई कामों को करने का प्रयास नहीं करना चाहिए। इससे हमारी ऊर्जा बँट जाती है और समय की कमी के कारण इन सभी के साथ न्याय नहीं कर पाते हैं। इसलिए यह आवश्यक है कि मनन, मंथन करके

एक या दो काम हाथ में लेकर उनके प्रति समर्पित होकर पूरी एकाग्रता के साथ संपन्न करो ताकि उसमें सफल हो सको। यदि आपको किसी काम में सफलता मिलने की उम्मीद नहीं है तो जिद करके समय नष्ट न करें, अपना रास्ता बदलकर किसी दूसरे काम की ओर अपने को मोड़ लें।

हमें बातें कम और काम ज्यादा पर ध्यान देना चाहिए। समाज में बड़बोले का मान-सम्मान नहीं होता, जो सकारात्मक सृजन करके समाज को नई दिशा देता है, उसे जीवनपर्यंत मान-सम्मान के साथ याद रखा जाता है। समाज में जो व्यक्ति सफल होता है, उसकी वाह-वाही होती है, परंतु असफल व्यक्ति का कोई इतिहास नहीं रहता।

जीवन में प्रतिष्ठा बहुत बड़ी पूँजी होती है, इसे हर हाल में सहेजकर रखिए। जीवन में कभी ऐसा कोई काम न करें, जिससे कि मान-सम्मान और प्रतिष्ठा पर आँच आए। ये कई वर्षों की मेहनत का प्रतिफल होता है, जिसे मिटाने में कुछ मिनट का ही समय लगता है। जीवन में यदि आपको कभी कर्ज लेना पड़े तो उसे समय पर चुकता करने का ध्यान रखिए।

जीवन में ईमानदारी और नैतिकता के पथ पर चलें। आप ध्यान रखें कि ईमानदारी से कमाया गया दस रुपया, बेईमानी से कमाए गए सौ रुपए से भी ज्यादा मूल्यवान होता है।

आप जीवन के किसी भी क्षेत्र में, चाहे वह व्यापार हो या नौकरी, अपने प्रतिद्वंदी से सावधान रहिए। यदि वह किसी प्रकार से आपको नीचा दिखाने के लिए प्रयास करता है तो आप इसका माकूल जवाब देकर उसे अधमरा मत छोड़ना। उसके दुर्भावनापूर्ण विचारों को पूर्णरूप से खत्म कर देना, ताकि वह वापस तुम पर कभी वार न कर सके।

इतना कहकर प्रधानाचार्य श्री एस.पी. निगम ने अपनी बात समाप्त की। उस दिन प्राचार्यजी भावनाओं से भरे दिखाई दे रहे थे। वे बोल रहे थे और हम मंत्रमुग्ध होकर सुन रहे थे। उनके वचन आज भी हमारे कानों में गूँजते हैं और हमारा पथ प्रदर्शन करते हैं।

❑

गुरुता

प्रोफेसर एस.पी. दुबे दर्शनशास्त्र के प्रकांड पंडित थे। मैंगलोर का एक शोध छात्र विद्यालंकार आयंगर उनके पास मार्गदर्शन हेतु आता था। वह उनके प्रति बहुत समर्पित, आज्ञाकारी तथा सेवाभावी था। प्रोफेसर दुबे भी उसके व्यवहार से प्रभावित थे और उसे पुत्रवत् स्नेह करते थे। एक बार वह मैंगलोर वापस जाते समय अपने गुरु प्रो. दुबे से यह आश्वासन लेता है कि उसके विवाह के लिए लड़की वे ही पसंद करेंगे। उसके माता-पिता पुराने विचारों के हैं और उन्हें समझाने का कार्य वे ही कर सकते हैं।

कुछ दिनों बाद ही प्रो. दुबे को मैंगलोर के विश्वविद्यालय से 'वर्तमान पृष्ठभूमि में दर्शनशास्त्र की महत्ता' विषय पर आख्यान देने के लिए आमंत्रण प्राप्त हुआ। उसी समय विद्यालंकार का आग्रह भी उन्हें प्राप्त होता है, जिसमें उसने एक रिश्ते के संबंध में चर्चा की थी। प्रो. दुबे के स्वास्थ्य के कारण घर के सदस्य नहीं चाहते थे कि वे इतनी लंबी यात्रा करें, किंतु वे यह कहते हुए वहाँ जाने का निश्चय करते हैं कि उन्होंने विद्यालंकार को आश्वस्त किया था कि कितनी भी विपरीत परिस्थितियाँ हों, वे एक बार अवश्य वहाँ पहुँचेंगे।

नियत तिथि को जब वे जबलपुर हवाई अड्डे से मुंबई के लिए रवाना हुए तो मौसम की विपरीत परिस्थितियों के कारण अत्यंत कठिनाइयों में वे ऐसे समय पर मैंगलोर पहुँचे, जब उनके व्याख्यान को कुछ ही समय शेष रह गया था।

पहुँचते ही वे शीघ्रता से तैयार हुए और कार्यक्रम में उपस्थित हो गए। उनका उद्बोधन अत्यंत प्रेरक रहा। उन्होंने वहाँ दर्शनशास्त्र विभाग की भावी

योजनाओं हेतु अपनी ओर से एक लाख रुपयों का चैक आयोजकों को समर्पित किया। इसका परिणाम यह हुआ कि उस योजना के लिए वहाँ लगभग पच्चीस लाख रुपए संग्रहीत हो गए। इसके लिए आयोजकों ने तथा विश्वविद्यालय ने दुबेजी का अत्यंत आत्मीय आभार व्यक्त किया।

इसके बाद विद्यालंकार ने उन्हें उस लड़की से मिलवाया, जिससे वह विवाह करना चाहता था, किंतु उसके विजातीय होने के कारण उसके माता-पिता इस संबंध के लिए तैयार नहीं हो रहे थे। प्रो. दुबे ने विद्यालंकार के माता-पिता से भेंट की और उन्हें उस संबंध के लिए सहमत कर लिया। विद्यालंकार के माता-पिता प्रो. दुबे की समझाने से संतुष्ट हो गए। उन्होंने यह शर्त रखी कि बेटा आपको बहुत मानता है, अत: यह विवाह आपकी उपस्थिति में शीघ्र ही संपन्न हो तो अति उत्तम रहेगा। यह विवाह शीघ्र ही संपन्न कराया गया एवं प्रो. दुबे ने वर-वधु को सफल एवं सुखी जीवन का आशीर्वाद दिया। विद्यालंकार एवं उसकी पत्नी ने गुरु के प्रति कृतज्ञता व्यक्त करते हुए कहा कि हमारे जीवन में यह अविस्मरणीय क्षण है कि हमारे नवजीवन की शुरुआत आपके आशीर्वाद से हो रही है।

आज दुबेजी हमारे बीच में नहीं हैं, परंतु आज भी गुरु-शिष्य संबंधों और उनके बीच की आत्मीयता के संदर्भ में उनके जाननेवाले इस घटना का उल्लेख करते हैं।

❑

कालिख

श्री पुरुषोत्तम भट्ट एक सेवानिवृत्त जिला न्यायाधीश हैं। उनके जीवन में आए अविस्मरणीय प्रकरणों में से एक ऑनर किलिंग का ऐसा प्रकरण है, जिसमें एक अबोध की हत्या न केवल हमारे झूठे अहंकार का उदाहरण है, वरन् वह अव्यावहारिक और मूर्खतापूर्ण आचरण को भी दरशाता है।

एक गाँव की एक लड़की का विवाह उसके गाँव के नजदीक के ही दूसरे गाँव में हुआ। लड़की विदा होकर जब ससुराल पहुँची, तभी उसके पेट में दर्द होने लगा। गाँव के वैद्य को जब उसके उपचार के लिए बुलाया गया तो पता चला कि वह गर्भवती है। उसने एक पुत्र को जन्म दिया। इस घटना से उसके ससुरालवाले हतप्रभ थे। उन्होंने लड़की के पिता को बुलवाया और सारी स्थिति से अवगत करवाने के बाद उन्हें लड़की और उसके पुत्र को ले जाने को कहा। पिता के पास भी कोई चारा नहीं था। वह दोनों को लेकर अपने घर आ गया।

अपने गाँव में आकर उसने गाँव के प्रतिष्ठित व्यक्तियों को इस घटना की जानकारी दी और पंचायत में जोड़े जाने की प्रार्थना की। पंचायत बुलवाई गई। सारा गाँव एकत्र हुआ था। पंचायत में उस लड़की से उस बच्चे के पिता का नाम पूछा गया।

लड़की ने बतलाया कि उस बच्चे का पिता गाँव का ही एक व्यक्ति था, जो सेना में सिपाही था। नौ माह पहले जब वह अवकाश में गाँव आया था, तभी उससे उसका प्रेम संबंध बना था। उसी के परिणामस्वरूप वह कुवाँरेपन में ही गर्भवती हो गई थी। उसने यह भी बताया कि उसके माता-पिता ने

लोक-लाज के भय से उसके ससुरालवालों को अंधकार में रखकर उसका विवाह करवा दिया था।

पंचायत में उस सैनिक के पिता और उसके तीनों भाई भी थे। उन्होंने जब यह सुना तो पंचायत को वचन दिया कि वे अपने सैनिक पुत्र से बात करके वास्तविकता का पता लगाएँगे और यदि यह बात सच हुई तो वे अपने पुत्र का विवाह उस लड़की से करके उसे उसके बच्चे सहित अपना लेंगे।

सैनिक के पिता और उसके भाइयों ने ट्रंककॉल करके उस सैनिक से इस संबंध में पूछताछ की। उस सैनिक ने स्वीकार किया कि उसका उस लड़की से संबंध था और वह ही उसकी संतान का पिता है।

सैनिक के परिवारवालों ने उस लड़की से सैनिक का विवाह करना स्वीकार कर लिया और उनके बीच यह सहमति बनी कि लड़की के परिवारवाले सैनिक के आने तक प्रतीक्षा करें तथा तब तक वह लड़की अपने पिता के ही साथ रहे।

लगभग एक सप्ताह बाद अचानक उस बच्चे का स्वास्थ्य खराब हो गया। सैनिक के तीनों भाई उस बच्चे का उपचार करवाने और उसे टीके आदि लगवाने की बात कहकर उसे ले जाकर नदी में फेंक दिया। यह पता चलने पर हत्या की रिपोर्ट दर्ज हुई और माँ-बेटी वहीं रोती रहीं। पुलिस ने सभी आरोपियों को अभिरक्षा में लिया और विवेचना के बाद प्रकरण न्यायालय में पेश किया गया। न्यायालय में प्रकरण चला और अंत में आरोपियों को उनके अपराध का दोषी पाते हुए यथोचित दंड दिया गया।

अवैध संबंधों से उत्पन्न संतान को अपनाने से बचने के लिए उन्होंने एक अबोध और निरपराध बच्चे की हत्या कर दी। उन्होंने यह सोचा ही नहीं कि आखिर उस बच्चे का कसूर क्या था, उसे किस अपराध की सजा दी गई थी?

यदि बुद्धिमत्ता से काम लिया गया होता तो उस सैनिक का विवाह उस लड़की के साथ करके सभी को सम्मानपूर्वक जीने का अवसर दिया जा सकता था। यदि उस बच्चे को नहीं भी अपनाना था तो उसे गोद लिया या दिया जा सकता था, लेकिन थोथे सामाजिक सम्मान के नाम पर एक निर्मम और जघन्य अपराध किया गया, जिसने मानवीयता के मुख पर कालिख पोत दी।

❑

जीवन-दर्शन

मैं और मेरा मित्र सतीश अवस्थी आपस में चर्चा कर रहे थे। हमारी चर्चा का विषय था 'हमारा जीवन क्रम कैसा हो?' हम दोनों इस बात पर एकमत थे कि मानव प्रभु की सर्वश्रेष्ठ कृति है और हमें अपने तन और मन को तपोवन का रूप देकर जनहित में समर्पित करने हेतु तत्पर रहना चाहिए। हमें औरों की पीड़ा को कम करने का भरसक प्रयास करना चाहिए। हमें माता-पिता और गुरुओं का आशीर्वाद लेकर जीवन की राहों में आगे बढ़ना चाहिए। मनसा, वाचा, कर्मणा, सत्यमेव जयते, सत्यम्, शिवम्, सुंदरम आदि का जीवन में समन्वय हो, तभी हमारा जीवन सार्थक होगा और हम समृद्धि-सुख व वैभव प्राप्त करके धर्मपूर्वक कर्म कर सकेंगे।

एक दिन सतीश सुबह-सुबह ही सूर्योदय के पूर्व मेरे निवास पर आ गया और बोला, "चलो नर्मदा मैया के दर्शन करके आते हैं।" मैं सहमति देते हुए उसके साथ चल दिया, लगभग आधे घंटे में हम लोग नर्मदा तट पर पहुँच गए। हमने रवाना होने के पहले ही अपने पंडाजी को सूचना दे दी थी, हम कुछ ही देर में उनके पास पहुँच रहे हैं। वे वहाँ पर हमारी प्रतीक्षा कर रहे थे।

"चरण स्पर्श पंडितजी!"

"सदा सुखी रहें जजमान। आज अचानक यहाँ कैसे आना हो गया?"

"कुछ नहीं। ऐसे ही नर्मदाजी के दर्शन करने आ गए। सोचा आपसे भी मुलाकात हो जाएगी। पंडितजी आज आप हमें किसी ऐसे स्थान पर ले चलिए, जहाँ बिल्कुल हल्ला-गुल्ला न हो। केवल शांति और एकांत हो। सिर्फ हम हों और नर्मदा मैया हों।"

"पूजा-पाठ और स्नान-ध्यान का सामान साथ में रख लिये हैं?"

"नहीं, हम लोग सिर्फ नर्मदा मैया के दर्शन करने का संकल्प लेकर आए हैं।"

उत्तर सुनकर पंडितजी हमें लेकर आगे-आगे चल दिए। वे हमें एक ऐसे घाट पर ले गए, जहाँ पूर्ण एकांत था और हम तीनों के अलावा वहाँ कोई नहीं था।

नर्मदा का विहंगम दृश्य हमारे सामने था। सूर्योदय होने ही वाला था। आकाश में लालिमा छाई हुई थी। पक्षी अपने घोंसलों को छोड़कर आकाश में उड़ान भर रहे थे। क्षितिज से भगवान् भुवन भास्कर झाँकने लगे थे। उनका दिव्य आलोक दसों दिशाओं को प्रकाशित कर रहा था। हम अपने अंदर एक अलौकिक आनंद एवं ऊर्जा का संचार अनुभव कर रहे थे। हमें जीवन में एक नए दिन के प्रारंभ की अनुभूति हो रही थी।

हमारी दृष्टि दाहिनी ओर गई, वहाँ के दृश्य को देखकर हम रोमांचित हो गए। हम जहाँ खड़े थे, वह एक श्मशान था। पिछले दिनों वहाँ कोई शवदाह हुआ था। चिता की आग ठंडी पड़ चुकी थी। राख के साथ ही मरनेवाले की जली हुई अस्थियाँ अपनी सद्गति की प्रतीक्षा कर रही थीं।

सतीश भी इस दृश्य को देख चुका था। वह आकाश की ओर देखकर कह रहा था, "प्रभु, मृतात्मा को शांति प्रदान करना।"

मेरे मन में कल्पनाओं की लहरें उठ रही थीं। मन कह रहा था—अथक प्रयास के बावजूद उसके घरवाले व रिश्तेदार विवश और लाचार हो गए होंगे तथा उस व्यक्ति की साँसें समाप्त हो गई होगीं। साँसों के चुकने के बाद तो औपचारिकताएँ ही रह जाती हैं, जो यहाँ आकर पूरी होती हैं।

हम अपने विचारों में खोए हुए थे कि वहाँ कुछ दूर पर हमें एक संत शांत मुद्रा में बैठे दिखलाई दिए। हम न जाने किस आकर्षण में उनकी ओर खिंचे चले गए। उनके पास पहुँचकर हमने उनका अभिवादन किया और उनके सम्मुख बैठ गए। उन्हें हमारे आने का आभास हो गया था। वे आँखें खोलकर हमारी ओर निर्विकार भाव से देख रहे थे। उनकी आँखें जैसे हमसे पूछ रही थीं—"कहिए कैसे आना हुआ?"

''महाराज यह दुनिया इतने रंगों से भरी हुई है। जीवन में इतना सुख, इतना आनंद है। आप यह सब छोड़कर इस वीराने में क्या खोज रहे हैं?''

वे बोले, ''यह एक जटिल विषय है। संसार एक नदी है, जीवन है नाव, भाग्य है नाविक, हमारे कर्म हैं पतवार, तरंग व लहर हैं सुख व तूफान, भंवर है दु:ख, पाल है भक्ति, जो नदी के बहाव व हवा की दिशा में जीवन को आगे ले जाती है। नाव की गति को नियंत्रित करके बहाव और गंतव्य की दिशा में समन्वय स्थापित करके जीवन की सद्‌गति व दुर्गति भाग्य, भक्ति, धर्म एवं कर्म के द्वारा निर्धारित होती है। यही हमारे जीवन की नियति है। इतना कहकर वे नर्मदा से जल लाने के लिए घाट से नीचे की ओर उतर गए।

हम समझ गए कि वे संन्यासी हमसे आगे बात नहीं करना चाहते थे। हम भी उठकर वापस जाने के लिए आगे बढ़ गए। श्मशान से बाहर भी नहीं आ पाए थे कि श्मशान से लगकर पड़ी जमीन पर कुछ परिवार झोंपड़े बनाकर रहते दिखलाई दिए।

वे साधनविहीन लोग अपने सिर को छुपाने के लिए कच्ची झोपड़ी बनाकर रह रहे थे। उनका जीवन स्तर हमारी कल्पना के विपरीत था। उन्हें न ही शुद्ध पानी उपलब्ध था और न ही शौच आदि नित्यकर्म के लिए कोई व्यवस्था थी। उनके जीवन की वास्तविकता हमारी नजरों के सामने थी।

उसे देखकर सतीश बोला, ''अत्यधिक गरीबी व अमीरी दोनों ही दु:ख का कारण होते हैं। जीवन में गरीबी अभावों को जन्म देती है और अपराधीकरण एवं असामाजिक गतिविधियों की जन्मदाता बनती है। इसी प्रकार अत्यधिक धन भी अमीरी का अहंकार पैदा करता है और दुर्व्यसनों एवं कुरीतियों में लिप्त कर देता है। यह मदिरा, व्यभिचार, जुआ-सट्टा आदि दुर्व्यसनों में लिप्त कराकर हमारा नैतिक पतन करता है।''

हमारे यहाँ इसलिए कहा जाता है कि 'साईं इतना दीजिए जा में कुटुम समाय, मैं भी भूखा न रहूँ, साधु न भूखा जाय।' हमें उपकार एवं जनसेवा में ही जीवन जीना चाहिए, ताकि इस संसार से निर्गमन होने पर लोगों के दिलों में हमारी छाप बनी रहे।

धन से हमारी आवश्यकताएँ पूरी हों तथा उसका सदुपयोग हो, यह

देखना हमारा नैतिक दायित्व है, धन न तो व्यर्थ नष्ट हो और न ही उसका दुरुपयोग हो। मैंने सतीश से कहा कि आज हमें जीवन-दर्शन हो गए हैं। हमारे सामने सूर्योदय का दृश्य है, जो सुख का प्रतीक है। एक दिशा में गरीबी दिख रही है, दूसरी दिशा में जीवन का अंत दिख रहा है। हमारे पीछे खड़ी हुई हमारी यह मर्सडीज कार हमारे वैभव का आभास दे रही है। यही जीवन की वास्तविकता एवं यथार्थ है। आओ अब हम वापस चलें।

❑

जीवटता

राजीव को बचपन से ही हॉकी खेलने का बहुत शौक था। वह बड़ा होने पर इसका इतना अच्छा खिलाड़ी हो गया था कि उसका प्रादेशिक स्तर पर चयन हो गया। वह जब मैदान में हॉकी खेलता था तो ऐसा प्रतीत होता था, जैसे गेंद उसके कहने पर चल रही हो। उसके टीम में रहने से ही उस टीम के विजेता होने के आसार बढ़ जाते थे। एक बार मैदान में मैच खेलने के दौरान दूसरे खिलाड़ी की गलती से पैर फँस जाने से राजीव गिर गया और उसकी पैर की हड्डी टूट गई, तीन माह प्लास्टर बँधा होने के कारण वह हॉकी खेलने से वंचित रहा। चिकित्सकों ने उसके वापस हॉकी खेलने पर संशय जाहिर किया था। उसने ठीक होने के उपरांत छह माह तक व्यायाम एवं मालिश के द्वारा अपने पैरों को मजबूत कर लिया और अपनी दृढ इच्छाशक्ति के कारण वापस धीरे-धीरे हॉकी खेलकर एक दिन पुनः पुराने मुकाम पर पहुँच गया।

एक दिन वह मैच खेलकर अपने घर जा रहा था, तभी दुर्भाग्यवश एक ट्रक ने उसे टक्कर मारकर गंभीर रूप से घायल कर दिया। उसका छह माह तक इलाज चला और डॉक्टरों ने उसे अब हॉकी खेलने से मना कर दिया। वह कहता था कि हॉकी मेरा जीवन है और मैं वापस एक दिन खेलकर बताऊँगा। वह अस्पताल से छूटने के बाद एक से डेढ़ साल तक धीरे-धीरे खेलने का अभ्यास करता रहा और एक दिन वापस मैच में भाग लेने के योग्य हो गया। सभी लोग उसके हॉकी के प्रति प्रेम एवं समर्पण की तारीफ करते थे।

उसके सिर से दुर्भाग्य का साया अभी समाप्त नहीं हुआ था। एक दिन भूकंप आने के कारण उसकी चपेट में आए एक पाँच वर्षीय बच्ची की जान

बचाने के लिए उसका हाथ बिल्डिंग से गिर रही स्लेब के नीचे आ जाता है। चिकित्सकों को उसकी जान बचाने के लिए उसका हाथ काटना पड़ता है और वह अब हॉकी खेलने से वंचित हो जाता है।

वह इससे हतोत्साहित नहीं होता है और कहता है कि प्रभु हमें जिस हालत में रखे, उस हालत में रहकर समझौता करना ही पड़ता है। अस्पताल से आने के बाद वह एक खेल सामग्री की दुकान खोल लेता है एवं खाली समय में बच्चों को सहायकों के माध्यम से हॉकी का प्रशिक्षण देना शुरू कर देता है।

❑

काली मदिरा

मीना भट्ट सेशन जज थीं। वर्तमान में सेवानिवृत्ति के बाद साहित्य सेवा में संलग्न हैं। उनके जीवन के उल्लेखनीय प्रकरणों में से एक प्रकरण ऐसा रहा, जो समाज के निर्धन और मध्यम वर्ग में शराब के कारण बरबाद हो रहे परिवारों और बढ़ते अपराधों का मर्मस्पर्शी उदाहरण है।

इस प्रकरण में छोटे भाई ने अपने सगे बड़े भाई की चाकू मारकर हत्या कर दी थी। उसने यह कृत्य अपने माँ-बाप के सामने किया था। वे इस घटना के चश्मदीद गवाह थे।

प्रकरण पढ़कर जज साहिबा भीतर तक सिहर गईं। वह कैसा क्षण रहा होगा, जब एक माता-पिता के सामने उनका छोटा बेटा उनके बड़े बेटे की हत्या कर रहा होगा और वे असहाय से कुछ भी नहीं कर सके होंगे। जज साहिबा भी एक माँ थीं और माँ से भी पहले एक इनसान थीं। उनकी आँखें सजल हो गईं। उनकी आँखों से आँसू की दो बूँदें कब टपककर फाइल पर गिरीं, उन्हें इसका भी होश नहीं रहा, तभी अभियुक्त को सामने लाया गया।

पुलिसवालों ने एक 25-26 वर्ष के नौजवान को लाकर कठघरे में खड़ा कर दिया। गवाही प्रारंभ हुई। प्रत्यक्षदर्शी गवाह के रूप में अभियुक्त की माँ एवं पिता को बुलाया गया।

माँ का गला भरा हुआ था। वह जैसे अपनी पूरी ताकत लगाकर बोल रही थी, पर उसका स्वर सामान्य ही था। उसने अभियुक्त की ओर इशारा करते हुए कहा कि वह उसका छोटा बेटा है। वह आवारा, जुआरी, शराबी और दुर्व्यसनी है। वह पैसों के लिए उससे और उसके पति के साथ मारपीट

करता था। घटना के दिन भी वह शराब के लिए पैसों की माँग कर रहा था। उनके पास पैसे नहीं थे, इसलिए वह मेरे साथ दुर्व्यवहार कर रहा था। तभी वहाँ बड़ा बेटा आ गया। उसने इसका विरोध किया तो इसने चाकू मारकर उसकी हत्या कर दी। सबकुछ इतना अप्रत्याशित और अकल्पनीय था कि बड़ा भाई और माता-पिता कुछ भी नहीं कर सके तथा उनका बेटा भूमि पर गिरा तो फिर उठ नहीं सका। कलयुगी रावण ने राम का वध कर दिया। बोलते-बोलते वह कहती जा रही थी, "अब हमारा खयाल कौन करेगा। हमारा खयाल रखनेवाला तो चला गया। यह हत्यारा जेल से बाहर आएगा तो हमको भी चैन से नहीं रहने देगा। यह हमें भी मार डालेगा।" उसकी आँखों से झर-झर आँसू टपक रहे थे।

इसके बाद बारी उसके पिता की थी। उसके पिता की हालत और उसका बयान भी वैसा ही था, जैसा उसकी माँ का था।

सबकुछ आईने की तरह साफ था। बुरे काम का बुरा नतीजा होता है। यहाँ भी वही हुआ। भाई के उस हत्यारे को आजीवन कारावास दे दिया गया। नशे और क्रोध के कारण व्यक्ति का मानसिक संतुलन एवं सोचने की क्षमता शून्य हो जाती है। उस वक्त वह आवेश में यह नहीं सोच पाता कि उचित और अनुचित क्या है ? यदि ऐसे क्षणों में हम अपने आवेश को कुछ काबू में रख सकें तो अनेक आपराधिक घटनाओं से बचा जा सकता है।

प्रकरण समाप्त हो गया, किंतु यह प्रश्न अभी भी शेष है कि यह सामाजिक बरबादी कब और कहाँ थमेगी तथा इसे कौन रोकेगा ?

❑

माँ

डॉ. शिवा सिंह सुप्रसिद्ध होम्योपैथिक चिकित्सक हैं। वे करुणामयी एवं संवेदनशील हृदय की स्वामिनी हैं। इसलिए अपने मरीजों के बीच भी अत्यंत लोकप्रिय हैं। उनके जीवन की यह अविस्मरणीय घटना है, जिसने उनके चिंतन को एक नई दृष्टि दी है।

संध्या होनेवाली थी। वे बस से उतरकर बस स्टॉप पर खड़ी थीं। घर जाने के लिए एक रिक्शेवाले को तय किया। बीस रुपए में तय हुआ रिक्शा। वह रिक्शे पर बैठ गई। अभी आधा रास्ता भी तय नहीं हो पाया था कि तभी वर्षा होने लगी। पानी तेज था। रिक्शेवाले ने रिक्शा रोका और एक प्लास्टिक की पन्नी से पूरी रिक्शे को ढक दिया ताकि सवारी पानी से सुरक्षित रहे। उस समय डॉ. शिवा ने ध्यान दिया कि रिक्शेवाला एक कमजोर और बुजुर्ग व्यक्ति है। उसने उसे तो बरसात से बचा लिया था, किंतु उसके पास स्वयं के लिए न तो बरसाती थी और न ही कोई कवर। वह उससे बात करने को बेचैन हो गई, किंतु बारिश की तेज आवाज में उससे बात करना संभव नहीं था।

घर पहुँचने पर शिवा ने उस रिक्शेवाले को घर के भीतर बरामदे में बुला लिया और एक पुराना तौलिया लाकर उसे दिया, जिससे वह अपना शरीर सुखा सके तथा उससे कहा, ''दादा ऐसी बारिश में तुम गीले होकर रिक्शा चला रहे हो। ऐसे में तो तुम बीमार पड़ जाओगे, अपने लिए एक बरसाती तो रखा करो।''

शिवा को उम्मीद नहीं थी कि वह ऐसा उत्तर देगा। वह बोला, ''मेडम मेरा कौन है, जो चिंता करेगा। बीमार भी हो गया तो क्या?''

"क्यों दादा?"

वह चुप रहा।

शिवा ने फिर पूछा, "दादा तुम्हारे परिवार में और कौन-कौन है?"

"कोई नहीं है मैडम। जिंदगी के सताए हुए हैं।"

यह कहते हुए उसकी आवाज बहुत धीमी हो गई थी। उसके स्वर में उसके जीवन का अकेलापन बहुत गहराई से झलक रहा था।

उसने फिर कहा, "फिर भी कम-से-कम अपने लिए एक बरसाती तो ले ही लो।"

"मेडम रिक्शा चलाकर दो वक्त का खाना खा लें, यही बहुत है। बरसाती कहाँ से आएगी?"

शिवा ने अपने पर्स से तीन सौ रुपए निकालकर उसे दिए और कहा, "दादा इन पैसों से अपने लिए बरसाती ले लेना। इन पैसों से दारु मत पीना, बरसाती के लिए दिए हैं तो बरसाती ही लेना।"

वह अवाक् होकर उसकी ओर देखने लगा। कुछ ठहरकर उसने पैसे ले लिये। उसकी आँखों में आँसू थे, जो उसके गीले चेहरे पर भी बहते हुए साफ दिख रहे थे। वह स्वयं से कह रहा था, "माँ…तुम मेरी माँ हो…" वह बोझिल कदमों से चलता हुआ रिक्शा लेकर आगे बढ़ गया।

उस समय तो शिवा नहीं समझ सकी कि उसने ऐसा क्यों कहा? किंतु कुछ समय बाद उसे समझ में आया कि वह मुझे माँ कहकर बतला गया कि निःस्वार्थ प्रेम सिर्फ माँ ही कर सकती है। बिना किसी उम्मीद के सिर्फ देना और देते रहना, वह माँ ही कर सकती है।

❑

विनम्रता

एक शिक्षक से विद्यार्थी ने प्रश्न किया कि जब तेज आँधी-तूफान एवं नदियों में बाढ़ आती है तो मजबूत-से-मजबूत वृक्ष गिर जाते हैं, परंतु इतनी विपरीत एवं संकटपूर्ण परिस्थितियों में भी तिनके को कोई नुकसान नहीं पहुँचता, जबकि वह बहुत नाजुक एवं कमजोर होता है। शिक्षक महोदय ने उससे कहा कि जो अड़ियल होते हैं और झुकना नहीं जानते हैं, वे विपरीत परिस्थितियों में टूटकर नष्ट हो जाते हैं। तिनके में विनम्रतापूर्वक झुकने का गुण होता है, इसी कारण वह अपने आप को बचा लेता है। हमें भी अपने जीवन में विपरीत परिस्थितियाँ आने पर विनम्रतापूर्वक झुककर उचित समय का इंतजार करना चाहिए।

❑

संघर्ष

मुरगी के अंडों से चूजे बाहर आने के लिए संघर्ष कर रहे थे। वहाँ पर एक दस वर्षीय बालक मोहन उन अंडों की तरफ देखकर सोच रहा था कि यदि मैं इन अंडों को तोड़ दूँ तो उसमें से चूजों को बाहर आने का रास्ता सुलभ हो जाएगा और वे आसानी से बाहर आ जाएँगे। उसने उन अंडों को तोड़ दिया और चूजे बाहर आ गए, परंतु वह यह देखकर आश्चर्यचकित हो गया कि वे सभी चूजे पैरों से कमजोर थे और अन्य चूजों की तुलना में उनकी चलने की गति भी कम थी। मोहन ने अपने दादाजी के पास जाकर उन्हें पूरी जानकारी दी और उनसे पूछा कि मैंने तो चूजों की मदद के लिए यह काम किया था, परंतु चूजे इतने कमजोर क्यों हो गए हैं। उसके दादाजी ने उसे समझाया कि चूजे जब अंडे के अंदर रहते हैं और जब वे संघर्ष करके अंडे के खोल को तोड़कर बाहर आते हैं, इस दौरान उनके पैरों को काफी परिश्रम करना पड़ता है, जिससे वे स्वयं ही मजबूत हो जाते हैं। तुम्हारे इस कृत्य के कारण उनके पैर कमजोर रह गए हैं। यही कारण है कि तुम्हें दूसरे चूजों की तुलना में अंतर महसूस हो रहा है। यह बताते हुए दादाजी ने कहा कि जीवन एक संघर्ष है और यही विकास की आधारशिला है, यह वास्तविकता है कि कोई भी उपलब्धि संघर्ष एवं मेहनत के बिना नहीं मिल सकती है।

❑

दूरदृष्टि

रावण एक बुद्धिमान, ज्ञानवान, वेद पुराण का ज्ञाता तथा कुशल प्रशासक था। वह युद्ध में राम से पराजित होकर अपनी मृत्यु की प्रतीक्षा कर रहा था। उनकी यह दशा देखकर विभीषण उनसे मिलने जाते हैं।

रावण उन्हें देखते ही कहता है कि मेरी मृत्यु का कारण तुम ही हो। राम को मेरी मृत्यु के भेद की जानकारी तुमने ही दी थी। अतः तुमने विश्वासघात किया है एवं तुम देशद्रोह के अपराधी हो। तुम राजगद्दी पाकर लंकाधिपति कहलाओगे, परंतु तुम्हें हर ओर लाशों की सड़ांध, नारियों का आर्तनाद, रोती-सिसकती महादुर्गति एवं युद्ध की विभीषिका में बरबाद हो गई लंका मिलेगी।

राम सुख, समृद्धि और वैभव से परिपूर्ण अयोध्या की राजगद्दी पर बैठेंगे। तुम अपने आपको नीतिवान, ईमानदार और धर्म के प्रति समर्पित व्यक्तित्व के धनी मान सकते हो, परंतु इतिहास में तुम 'घर का भेदी लंका ढाए' के रूप में ही जाने जाओगे।

राम अमर होकर घर-घर में पूजे जाएँगे और उनके मंदिर बनेंगे। तुम्हारा न ही कोई मंदिर बनेगा और न ही तुम्हें यथोचित मान-सम्मान प्राप्त होगा। यह जीवन का यथार्थ और मेरी भविष्य दृष्टि है कि भ्रातृद्रोह का परिणाम एवं देशद्रोह की परिणिति ऐसी ही होती है।

इसके बाद राम के कहने पर लक्ष्मणजी रावण से ज्ञान प्राप्त करने हेतु उनके पास पहुँचते हैं। उन्हें देखकर वह उनसे कहता है कि लक्ष्मण जीवन में जो अपने आपको सर्वशक्तिमान समझकर अपने बल पर घमंड करने लगता है एवं मदांध होकर धर्मपथ को भूल जाता है, उसका अंत मेरे समान ही होता है।

❑

शौर्य दिवस

शहर की एक शासकीय शाला में कारगिल युद्ध में हुई हमारी जीत के उपलक्ष्य में विद्यार्थियों के बीच शौर्य दिवस मनाया जा रहा था, जिसमें उन्हें हमारी सेना की गतिविधियों, देश के प्रति उनका समर्पण, त्याग एवं कुर्बानी से अवगत कराया जा रहा था। शाला की कक्षा सातवीं में अध्ययनरत एक विद्यार्थी राम ने अपने शिक्षक से पूछा कि सर मैंने चीन में क्रांति के विषय में मेरे पिताजी से माओत्से तुंग के बारे में सुना है कि उनकी नीति थी कि दुश्मन को पूरी तरह से समाप्त कर देना चाहिए। यदि उसे छोड़ दिया जाता है तो वह वापस शक्ति संचय करके आपको हराने के लिए तत्पर रहेगा। उन्होंने इसका उदाहरण देते हुए लिखा है कि तत्कालीन प्रशासक चांग काई शेक, जो कि उस समय बहुत मजबूत एवं साम्यवाद का घोर विरोधी था, उसने माओ को घेरकर उसके एक लाख सैनिकों में से नब्बे हजार को खत्म कर दिया था। माओ को अपने बचे हुए सैनिकों के साथ भागकर एक पहाड़ी की तलहटी में छिपकर किसी प्रकार अपनी जान बचानी पड़ी। चांग काई शेक यह सोचकर कि उसने क्रांति को दबा दिया है, उसने अपना ध्यान माओ से हटाकर दूसरे अन्य महत्त्वपूर्ण कार्यों की ओर लगा दिया। माओ चुपचाप अपनी शक्ति में इजाफा करता गया और एक दिन उसने अपने सीमित संसाधनों, दृढ निश्चय एवं पराक्रम से चीन में तख्तापलट करके सत्ता हथिया ली।

हमारी सेना ने कई बार पाकिस्तान को युद्ध में मुँहतोड़ जवाब दिया है और कारगिल भी उसी का एक उदाहरण है। हम इस समस्या का पूर्णतया निदान क्यों नहीं कर पा रहे हैं। यह सुनकर शिक्षक महोदय ने गंभीरतापूर्वक

उसे समझाया कि हमारे देश में लोकतांत्रिक सरकार है, जिससे जनता ने अपने प्रतिनिधियों को चुनकर निर्णय लेने का अधिकार प्रदान किया है। चीन में तानाशाही है और निर्णय लेने में सेनापति का भी हस्तक्षेप महत्त्वपूर्ण रहता है, इसलिए वे कठोर निर्णय भी लेने में सक्षम हैं। हमारे देश में इस प्रकार के महत्त्वपूर्ण सामरिक निर्णय प्रधानमंत्री एवं उनका मंत्रिमंडल लेता है, जिसमें सेना का सीधा कोई हस्तक्षेप नहीं रहता है, परंतु इसमें तीनों सेनाओं के अध्यक्ष व राष्ट्रपति की सहमति अनिवार्य रहती है। हमें अपनी सरकार पर भरोसा रखना चाहिए कि वह जो भी निर्णय लेती है, वे देशहित को सर्वोपरि रखते हुए ही लिये जाते हैं।

❑

नव जीवन

हमारे जीवन में कभी-कभी ऐसी घटनाएँ घटित होती हैं, जो दुखदायी होते हुए भी हमारी अंतरात्मा की चेतना को जाग्रत्कर हमारे जीवन की धारा को बदल देती हैं। ऐसा ही एक वृत्तांत मेरे मित्र रामसिंह ने उसके जवानी के दिनों में घटित सच्ची घटना को बताकर मुझे चिंतन के लिए मजबूर कर दिया था।

उसने बताया कि यह बात आज से बीस वर्ष पुरानी है। मैं एक कंपनी में उच्च पद पर कार्यरत था और अपनी पत्नी एवं पुत्र के साथ सुखमय जीवन बिता रहा था। एक दिन मेरा एक मित्र कार्यालय से निकलने के बाद मेरे न करने पर भी मुझे एक बार में ले गया। वहाँ पर सब नृत्य के साथ-साथ मदिरापान का भी आनंद ले रहे थे और आर्कषक बार बालाएँ अपने नृत्य एवं भाव-भंगिमाओं से आगंतुकों का मन मोह रही थीं। इन्हीं में कुसुम नाम की एक बाला मेरे समीप आकर बैठ गई। उसके आर्कषक व्यक्तित्व एवं मीठी वाणी ने मुझे सहज ही अपनी ओर आकर्षित कर लिया। अब मैं प्रतिदिन उससे मिलने के लिए बार में जाने लगा और दोनों हाथों से उसके ऊपर रुपए लुटाने लगा। इसका नतीजा घर में धन की कमी से आपसी कलह होना प्रारंभ हो गई। एक दिन पत्नी को सारी बातों का पता चलने पर वह मुझे छोड़कर पुत्र के साथ मायके चली गई।

अब मैं और भी ज्यादा स्वछंद हो गया था और दिन-रात शराब के नशे में डूबकर कुसुम के साथ समय बिताने लगा। एक दिन धन के अभाव के कारण उसके द्वारा चाहे गए उपहार को नहीं दे पाया तो उसने अपना असली

रूप दिखाते हुए मुझसे कहा, "अब तुम यहाँ पर आने और मेरे से बात करने के काबिल नहीं रहे। यहाँ पर सम्मान उसी का होता है, जो धनवान होता है, धनविहीन एवं भिखारियों के लिए यहाँ कोई जगह नहीं है। तुम क्या थे, इससे मुझे कोई मतलब नहीं है। तुम आज क्या हो, मैं इसी को महत्त्व देती हूँ। अब तुम मेरे पास से रफा-दफा हो जाओ और आगे से यहाँ आने या मेरे से मिलने की जुर्रत कभी मत करना।" इन शब्दों को सुनकर मुझे गहरा आघात लगा और अत्यंत आंतरिक वेदना के साथ वहाँ से बाहर चला गया। मुझे नौकरी से हटा दिया गया था, पत्नी के अभाव और वक्त के थपेड़ों ने मुझे आंतरिक रूप से तोड़कर निराश कर दिया था।

मुझे अब अपनी पत्नी का मेरे प्रति प्रेम और त्याग की अनुभूति का स्मरण होने लगा था। मैंने परमात्मा से अपनी गलतियों के लिए हृदय से माफी माँगी और प्रार्थना की कि मेरी पत्नी मुझे माफ कर दे तथा मुझे एक मौका जीवन में सुधरने का दे दे। इसी ऊहापोह में मैं अपने ससुराल जाकर पत्नी को वापस लाने के लिए अनुरोध करने लगा। मेरे बहुत समझाने के बाद यह सोचकर कि जीवन में गलती किससे नहीं होती, उसने माफ कर दिया और मेरे साथ वापस अपने घर आ गई। गृहलक्ष्मी के घर आते ही मानो मुझमें नई ऊर्जा का संचार हो गया और प्रभु कृपा से एक बड़ी कंपनी में पुनः कार्यरत हो गया। मैं अब जीवन में हर कदम सँभल-सँभलकर रखने लगा और धीरे-धीरे कठिन परिश्रम, पक्का इरादा एवं सकारात्मक सोच से पुनः सुखमय जीवन व्यतीत कर रहा हूँ।

वह मेरी ओर देखकर बोला कि यह वृत्तांत मैंने तुम्हें इसलिए बताया है कि प्रभु कृपा से तुम अपनी कड़ी मेहनत एवं परिश्रम से धन उपार्जन कर रहे हो। मुझे शंका है कि कहीं तुम इस प्रकार के प्रपंचों में उलझ न जाओ, इसलिए मैं तुम्हें इनके परिणामों के प्रति आगाह कर रहा हूँ। मेरी बातों को अन्यथा मत लेना, तुम्हारा सच्चा मित्र एवं हितैषी होने के कारण इतनी बातें कहने की हिम्मत जुटा सका।

❑

प्रेरणा

एक नेत्रहीन विद्यार्थियों के विद्यालय में उनके वार्षिक दिवस के अवसर पर प्रधानाध्यापक महोदय ने अपने उद्‌बोधन में कहा कि नेत्रहीन व्यक्ति भी जीवन में उन्नति के शिखर पर पहुँचकर महान् बन सकता है। हमें नेत्रहीन होने के कारण अपने मन में हीन भावना से ग्रसित नहीं होना चाहिए। संत सूरदास जी का उदाहरण देते हुए बोले कि उनका जन्म एक गरीब परिवार में हुआ था। उनके नेत्रहीन होने के कारण बचपन से ही वे उपेक्षित थे। जब वे युवा हुए तो वे काव्य तथा संगीतशास्त्र का अध्ययन और अभ्यास करने लगे। वे भगवद् भक्त थे एवं श्रीनाथजी के प्रति उनकी अपूर्व भक्ति तथा समर्पण था और उन्होंने उन्हीं को केंद्रबिंदु रखते हुए अद्‌भुत रचनाएँ अपने जीवनकाल में लिखी थीं। उनके द्वारा लिखित 'सूरसागर' आज भी एक प्रसिद्ध ग्रंथ है, जिसकी गिनती विश्वप्रसिद्ध ग्रंथों में होती है।

एक बार बादशाह अकबर के सामने संगीत सम्राट् तानसेन सूरदास का पद गा रहे थे, जिसे सुनकर बादशाह मुग्ध हो गए। वे सूरदासजी से मिलने तानसेन के साथ गए और तानसेनजी ने उनसे अनुरोध किया कि वे बादशाह की प्रशंसा में एक पद का गायन करने की कृपा करें। सूरदासजी ने विनम्रतापूर्वक कहा कि उनके पद परमपिता परमेश्वर को ही समर्पित हैं, उनके मुख से इसके अतिरिक्त और किसी प्रकार का गायन नहीं निकल सकता है। सूरदासजी त्यागी, विरक्त और प्रेमी भक्त थे। उनकी यह मानसिकता एवं स्पष्टवादिता से सम्राट् अकबर बहुत प्रभावित हुए एवं उनके प्रति सम्मान व्यक्त करते हुए वापस चले गए।

सूरदासजी ने यह सिद्ध कर दिया था कि महान् बनने के लिए आपको दृष्टि की जरूरत नहीं पड़ती। आपको अपने आपको एक लक्ष्य पर केंद्रित करना चाहिए, यही सफलता की आधारशिला बनकर आपको उन्नति के शिखर पर ले जाता है।

❑

ईमानदारी

एक रविवार को मैं और मेरा एक मित्र भोजन करने एक रेस्तराँ में गए। जैसे ही हम कार से उतरे, एक व्यक्ति जिसके पैरों में कुछ तकलीफ थी, लँगड़ाता हुआ हमारे पास आया और बोला, "बाबूजी सुबह से भूखा हूँ, मुझे खाना खिला दीजिए, भगवान् आपका भला करेगा।" मैंने उसे पर्स से एक नोट निकालकर देते हुए कहा, "ये पचास रुपए लो और किसी होटल में जाकर खाना खा लो।" उसे नोट देकर मैं अपने मित्र के साथ रेस्तराँ में चला गया।

वहाँ से डिनर लेकर जब हम लोग बाहर आए तो मैंने देखा कि वह व्यक्ति हमारी कार के पास खड़ा था। मैंने उससे पूछा, "क्या बात है, अब क्या चाहिए?"

वह बोला, "बाबूजी आपने मुझे पचास रुपए दिए थे, लेकिन जब मैंने होटल में जाकर देखा तो यह पाँच सौ का नोट था। आपने पचास के धोखे में मुझे पाँच सौ का नोट दे दिया। आप इसे रख लें और मुझे पचास रुपए दे दें।"

मैं अचंभित रह गया। मैंने उससे कहा कि अब ये रुपए तुम्हीं रख लो।

वह बोला, "साहब आपकी अंतरात्मा ने खुशी-खुशी मुझे पचास रुपए देने को कहा था। आप मुझे पचास रुपए ही दें। मैं भोजन करके संतुष्ट हो जाऊँगा।"

मैंने उससे वह नोट लेकर उसे पचास रुपए का नोट दिया, जिसे लेकर वह धीरे-धीरे वहाँ से चला गया। उसके कृशकाय शरीर पर ईमानदारी की चमक देखकर, मैं अभीभूत होकर उसे आँखों से ओझल होने तक देखता रहा। ❑

चुनौती

श्री अभय तिवारी एक जाने-माने गीतकार हैं। उन्होंने पत्रकारिता भी की, वे एक शिक्षक, एक एन.सी.सी. अधिकारी और एक हायर सेकेंडरी स्कूल के प्राचार्य के रूप में अपनी सेवाएँ दे चुके हैं। निकट भविष्य में ही वे अपनी शैक्षणिक सेवाओं से सेवानिवृत्त होने जा रहे हैं। उन्होंने अपने जीवन के प्रेरणादायी प्रसंग को रेखांकित करते हुए बताया कि—

वे जब बी.एससी. प्रथम वर्ष में अनुत्तीर्ण हुए तो यह न सिर्फ उनके लिए वरन् उनके परिवार और पूरे मोहल्ले के लिए एक दुर्घटना थी, क्योंकि वे पढ़ने-लिखने के मामले में बहुतों से बहुत अच्छे थे। किसी को यह कल्पना नहीं थी कि वे अनुत्तीर्ण भी हो सकते हैं। परिणाम पता होने के बाद जब वे घर पहुँचे तो उन्होंने अपने पिताजी को अपने परीक्षा-परिणाम से अवगत कराया। उन्होंने बताया कि वे अपनी हर बात पिताजी को यथावत् बता दिया करते थे और उन्हें बताने के बाद फिर उन्हें किसी को भी कुछ बताने की आवश्यकता नहीं रहती थी। जब उन्होंने अपना परीक्षा-परिणाम बतलाया तो पिताजी की प्रतिक्रिया को वे समझ ही नहीं सके। वे न तो प्रसन्न नजर आ रहे थे और न दुःखी। जैसे उन्हें वह परिणाम पहले से ही मालूम हो।

शाम को जब वे घर से बाहर निकलने लगे तो माताजी ने उन्हें जेबखर्च के लिए रुपए दिए, जो समान्यतया दी जानेवाली रकम से अधिक थे। दो दिन ऐसे ही बीत गए, घर में किसी ने भी उनके परीक्षा-परिणाम पर कोई टीका-टिप्पणी नहीं की।

तीसरे दिन सुबह के समय आँगन में उनके पिताजी हाथ मटिया रहे

थे और वे उनके हाथों पर पानी डाल रहे थे। हाथ धोकर पिताजी उठे और कहने लगे, ''मुन्ना! (उनका घरेलू नाम) एवरी डिफीट ऑफ लाइफ इज अ चैलेंज। जीवन की हर हार चुनौती देकर कहती है कि आगे बढ़ जा यदि हम कहीं पराजित हुए हैं तो हमें अपनी पराजय को चुनौती के रूप में स्वीकार करना चाहिए। अपनी कमियों को दूर करके पुन: पहले से भी अधिक लगन और परिश्रम के साथ अपने लक्ष्य का संधान करने के लिए तत्पर हो जाना चाहिए।'' इतना कहकर वे आगे बढ़ गए। उनके वे शब्द आज भी मेरे जीवन का संबल हैं। जब भी कहीं पराजय होती है, उनके वे शब्द ईमानदारी और मेहनत के साथ आगे बढ़ने की प्रेरणा देते हैं।

❑

जो सुमिरै हनुमत बलवीरा

सुरेंद्र अग्रवाल, जो व्यवसायी, लेखक एवं कवि हैं, ने अपने जीवन में घटित सत्य घटना के विषय में बताया। यह बात उन दिनों की है, जब वे अपने व्यापारिक कार्य से बिहार के धनबाद इलाके में जाया करते थे। उन दिनों धनबाद वर्तमान में (झारखंड) का नाम सुनते ही लोगों के रोंगटे खड़े हो जाते थे, क्योंकि वहाँ माफिया एवं बाहुबलियों का साम्राज्य हुआ करता था और शाम को 7 बजे के पहले ही वहाँ लोग अपने-अपने घरों में कैद हो जाया करते थे। सड़कें सुनसान होकर सन्नाटा पसर जाता था। किसी की भी हत्या और लूटपाट बड़ी आम बात थी।

धनबाद शहर से 8 कि.मी. की दूरी पर उपनगरीय क्षेत्र करकेंद्र है, जहाँ उनके रिश्ते के भाई सुरेश अग्रवाल रहा करते थे, जिनके यहाँ वे ठहरते थे। इस करकेंद्र से 8 कि.मी. की दूरी पर कोयले के लिए प्रसिद्ध स्थान झरिया है, जहाँ धरती के नीचे वर्षों से कोयले में आग लगी हुई है। झरिया से लगा हुआ भागा स्टेशन है, जहाँ से हमेशा वे ट्रेन पकड़कर इलाहाबाद होते हुए जबलपुर वापस आते थे। भागा स्टेशन से ट्रेन रात में 9 बजे मिलती थी और सुरेश उन्हें स्कूटर से छोड़ने आता था।

एक बार ठंड के दिनों की बात है, रात करीब 8.30 बजे। वे और सुरेश करकेंद्र से भागा स्टेशन के लिए स्कूटर से रवाना हुए, रास्ते में एक इलाका पड़ता है, जिसे शिमला बहाल के नाम से जाना जाता है। यह इलाका करकेंद्र से करीब 2 कि.मी. की दूरी पर है। उस सुनसान इलाके में किसी प्रकार की मदद तो दूर, उलटा लुट-पिट जाने का डर रहता था। ऐसे में उनका स्कूटर

खराब होकर पिछले पहिए से खट-खट की आवाज आने लगी, उन्हें रुकना पड़ा और पुनः प्रयास करने पर भी खट-खट की आवाज और तेज हो गई। उनकी स्थिति ऐसी हो गई कि उन दोनों के चेहरे पर हवाइयाँ उड़ने लगीं कि अब क्या होगा। वे आगे भी नहीं जा सकते थे और पीछे भी नहीं आ सकते थे तथा उस इलाके में कोई अन्य साधन या मदद उपलब्ध न होकर उलटा लुट जाने का खतरा था।

सुरेश घबरा गया कि अब क्या करें, ऐसे में सुरेंद्र को बस संकटमोचन हनुमानजी का ध्यान आया। उसने सुरेश से पूरे आत्मविश्वास से कहा कि चलो एक बार फिर से प्रयास करते हैं। तुम गाड़ी स्टार्ट करो। इसके बाद वह सामान के साथ पीछे बैठा। गाड़ी खटखट आवाज के साथ चलना शुरू हो गई और सुरेंद्र ने पीछे बैठकर जोर-जोर से हनुमान चालीसा का पाठ शुरू किया। यह आश्चर्यजनक घटना थी कि हनुमान चालीसा का पाठ शुरू करते ही गाड़ी की खटखट बंद हो गई और वे सही सलामत झरिया तक पहुँच गए। वहाँ पहुँचकर सबसे पहले उन लोगों ने मेकैनिक को स्कूटर दिखाया। स्कूटर का पिछला चक्का देखते ही मैकेनिक ने आश्चर्यचकित होकर पूछा कि यह गाड़ी यहाँ तक कैसे आई है, इसके चक्के के नट-बोल्ट तो खुले पड़े हैं। वे मेकैनिक को क्या बताते कि उन्हें हनुमानजी ने यहाँ तक सुरक्षित पहुँचाया है। उन लोगों ने मन-ही-मन हनुमानजी को प्रणामकर धन्यवाद दिया। मेकैनिक ने नट-बोल्ट कसकर स्कूटर ठीक किया और वे लोग भागा स्टेशन के लिए रवाना हो गए, जो नजदीक ही था।

उस दिन उन्हें हनुमानजी की कृपा का एहसास हुआ और यह प्रेरणा मिली कि अपने भक्तों की जीवनरक्षा हेतु सच्चे दिल से प्रार्थना करने पर भगवान् चले आते है। सत्य है कि—

संकट कटै, मिटे सब पीरा।
जो सुमिरै हनुमत बलवीरा॥

❑

शांति की खोज

प्रेरणा वह शक्ति है, जो व्यक्तित्व में सकारात्मक परिवर्तन लाती है। प्रेरित होकर व्यक्ति असंभव कार्य को भी संभव कर सकता है, यह विचार व्यक्त करते हुए दर्शनशास्त्र की पूर्व विभागाध्यक्ष, महिला आयोग की सदस्य एवं अनेक धर्मार्थ ट्रस्टों के माध्यम से समाजसेवा हेतु समर्पित व्यक्तित्व की धनी डॉ. सोनल अमीन ने बताया कि वे ब्रह्मकुमारी आश्रम के व्यक्तित्व, कृतित्व एवं ज्ञान के सिद्धांतों से बहुत प्रभावित हैं।

उन्होंने बताया कि उनके पिता राजर्षि परमानंद भाई पटेल के स्वर्गवास के पश्चात् उनके परिवार में संपत्ति विवाद के कारण पारिवारिक संबंध आपस में बहुत कटु हो गए थे। उनके लिए यह सब स्वीकार करना बहुत मुश्किल था। इन परिस्थितियों को स्वीकार करने में कर्मफल सिद्धांत से बहुत मदद मिली। जीवन में इस सिद्धांत से जो हमारे साथ घटित होता है, हमारे ही किए हुए कर्मों का परिणाम है, कर्म पिछले जनमों के भी हो सकते हैं। जीवन में कर्मों के अनुसार उतार-चढ़ाव आते हैं, जिनका सामना हमें करना होता है। यह ज्ञान घावों पर मरहम लगाकर हमें संघर्ष की शक्ति देता है एवं कठिन परिस्थितियों पर भी स्वस्थिति को मजबूत कर विजय पाई जा सकती है।

यह ज्ञान मात्र सैद्धांतिक या कोरा दर्शनशास्त्र नहीं, यह पूर्ण व्यावहारिक है। इसे जीवन में लागू करने से निश्चित परिवर्तन आता है और हम शांति तथा सुख की दिशा में अग्रसर होते हैं। परमात्मा हमें सिर्फ ज्ञान ही नहीं देता, बल्कि ज्ञान को आत्मसात् करने की शक्ति भी देता है। ब्रह्मकुमारी आश्रम से प्राप्त ज्ञान उनके जीवन का प्रेरणास्रोत है, जिससे उन्हें सबको माफ कर

कठिनाइयों का सामना करते हुए शुभकामना देकर आगे बढ़ने की प्रेरणा मिलती है। डॉ. अमीन का कहना है कि आध्यात्मिक संस्थानों के सद्-उद्देश्यों का जीवन में बहुत महत्त्व होता है। यदि व्यक्ति उन उपदेशों के मूल में निहित अमृततत्त्व को समझकर आगे बढ़े तो उसे कभी हताशा, निराशा एवं असफलता नहीं मिलती हैं।

❑

माफी

दैनिक समाचार-पत्र 'पत्रिका' से संबद्ध वरिष्ठ पत्रकार प्रेमशंकर तिवारी ने हमें वर्तमान समय के परिप्रेक्ष्य में एक बहुत ही प्रेरणादायक घटना बताई कि जबलपुर जिले में सिहोरा के पास बरगँवा (खिरवाँ) नामक गाँव में उनका जन्म हुआ। कक्षा पाँचवीं के बाद उनकी शिक्षा जबलपुर शहर में हुई। अपने गाँव की एक घटना की सीख उन्हें मरते दम तक याद रहेगी।

वे गरमी की छुट्टियों में अपने गाँव गए हुए थे और एक दिन अपनी बखरी के बाहर दालान में बैठे थे, तभी गाँव का एक वृद्ध स्वीपर उनके घर पर आया। उसने बड़ी विनम्रता के साथ उनके पिताजी को प्रणाम किया और नीचे बैठ गया। अब दोनों के बीच बातचीत का दौर शुरू हो गया, तभी अनायास ही उनके मुँह से निकला कि पिताजी, क्या यह जमादार है? इतने शब्द उनके मुँह से निकले ही थे कि पिताजी तमतमाकर उठे और उनका कान पकड़कर खरी-खोटी सुनानी शुरू कर दी। वे जोर से डाँटते हुए कह रहे थे कि तुम शहर में क्या यही पढ़ते हो, क्या वहाँ अपने से बड़ों से बातचीत करने या उन्हें संबोधित करने की तमीज नहीं सिखाई जाती है, तुम्हें मालूम है, वह कौन है, बड़ों को इसी तरह संबोधित करते हैं, मैं उन्हें काका कह रहा हूँ और तुम उन्हें जमादार कह रहे हो? यह सुनकर वे थरथर काँपने लगे।

उस समय उनकी उम्र कम थी और वे समझ नहीं पाए कि गलती कहाँ हो गई है। जमादार लगातार पिताजी से अनुनय-विनय कर रहा था कि पंडितजी छोड़िए, अभी वह बच्चा है, लेकिन पिताजी कुछ सुनने को तैयार नहीं थे, उन्होंने झटके से उनको पकड़ा और उन्हें सीधे दालान के नीचे की

तरफ उकड़ूँ बैठे हुए उन सज्जन के सामने अपराधी की तरह पेश कर दिया। उन्होंने डाँटते हुए कहा कि ये तेरे पिता के काका हैं तो तेरे क्या लगेंगे ? इतना भी नहीं समझते तो पढ़ाई-लिखाई छोड़ दो। तुम इतना भी नहीं जानते कि रिश्ते में ये तेरे बाबा हुए। इनसे क्षमा माँगो। उन्होंने दोनों हाथ जोड़कर वैसा ही किया और कहा कि बाबाजी मुझे क्षमा कर दीजिए, मुझसे बड़ी गलती हो गई है। अब दोबारा ऐसा कभी नहीं होगा। जमादार बाबा ने मुसकराते हुए कहा कि अब तुम जाओ, कोई बात नहीं है। पिताजी के कुछ शांत हुए भावों को देखकर सिसकते हुए दौड़कर घर के अंदर चला गया।

आज उस घटना को सोचता हूँ तो दिल भर आता है। मन गाँव की उस व्यवस्था की तरफ मुड़ जाता है, जहाँ छोटी सी आबादी में पूरी दुनिया बसती थी। सड़कें कच्ची थीं, लेकिन रिश्ते मजबूत थे। घर खपरैल के थे, जीवन अभावों से भरा था, लेकिन भावनाएँ समृद्ध थीं। आज की तरह आधुनिक संसाधन नहीं थे, लेकिन मन में अपनेपन की मिठास थी। सभी के लिए समय था और हर एक के साथ रिश्ता तय था। उन रिश्तों में वह सुगंध थी, जो आज खून के रिश्तों में भी नहीं रही। सत्ता के खिलाड़ी चौपाड़ बिछाए बैठे हैं। उनके लिए ये सब बिरादरियाँ महज मोहरे हैं, इनसे कब और कैसे अपना हित साधना है, ये बेहतर जानते हैं और हम मोहरे के समान उनकी शह और मात के खेल का हिस्सा बन गए हैं। अब सबकुछ तहस-नहस हो गया है। इन्हीं रिश्तों में तो मेरा भारत बसता था, जो शायद अब कहीं खो गया है।

❑

कल्लू

डॉक्टर श्रीमती प्रार्थना अर्गल मृदुभाषी, सौम्य स्वभाव की, प्रखर व्यक्तित्व की महिला हैं। उनके जीवन में एक घटना ने बड़ा गंभीर प्रभाव डाला। उन्होंने बताया कि कल्लू नामक एक 15 वर्षीय लड़का उनके निवास स्थान से कुछ दूरी पर रहता था। उसकी माँ की मृत्यु बचपन में ही हो गई थी और पिता का पिछले वर्ष ही रेलवे की नौकरी करते हुए हृदयाघात से निधन हो गया था। कल्लू के चाचा ने उसके पिता का सब ग्रैच्युटी और पेंशन का रुपया हड़प लिया तथा उसे मार-पीटकर घर से भगा दिया।

वह अपनी बुआ के साथ रहता था और बहुत ही कठिन परिस्थितियों में जीवनयापन कर रहा था। वह स्वभाव से सीधा-सादा, पढ़ाई में बहुत होशियार, खेल-कूद में रुचि रखते हुए अपनी कक्षा का होनहार छात्र था। उसकी बुआ को उससे बहुत आशाएँ थी कि 18 वर्ष की आयु होने पर उसे स्वर्गीय पिता के स्थान पर अनुकंपा-नियुक्ति मिल जाएगी। कल्लू प्रतिदिन शाम के समय श्रीमती अर्गल के पोते-पोतियों के साथ खेलने के लिए उनके घर आता था। उनका परिवार भी बची हुई रोटी और साग-सब्जी उसे दे देते थे, जिसे वह चाव से खाकर प्रसन्न हो जाता था। उसके मोहल्ले में भी रहनेवाले लोग भी बासी खाना उसे दे देते थे, जिसे वह और उसकी बुआ खाकर अपना जीवनयापन कर रहे थे।

एक दिन अर्धरात्रि के समय उसकी बुआ बदहवास अवस्था में उनके घर पर आई और बोली कि कल्लू को रात से उलटी और दस्त हो रहे हैं। मैंने उसे देसी दवाएँ आदि दे दी है, परंतु उसका कोई प्रभाव नहीं हुआ है, वह बेहोश

हो गया है। यह सुनते ही वे बिना समय गँवाए अपनी कार निकालकर बुआ को साथ लेकर उसके घर गईं और तुरंत ही कल्लू को निकट के अस्पताल में भरती करा दिया। वहाँ पर चिकित्सकों के अथक प्रयास के बाद भी कल्लू को बचाया नहीं जा सका।

उसकी मृत्यु ने श्रीमती अर्गल के मन को झकझोर दिया, क्योंकि कल्लू की मृत्यु का कारण बासी खाना था, जिससे उसे संक्रमण हो गया था। उस दिन के बाद से उन्होंने अपने घर के बचे हुए बासी खाने को किसी को देने के बजाय विनिष्टीकरण करना प्रारंभ कर दिया।

❑

पागल कौन?

प्रसिद्ध योगाचार्य देवेंद्र सिंह राठौर जिन्होंने योग की शिक्षा बिहार योग विद्यालय, मुँगेर से ली है, एक दिन उन्होंने मुझे बताया कि जीवन की कुछ घटनाएँ हमारे मन और मस्तिष्क पर गहरा प्रभाव छोड़ जाती हैं कि हम जीवनपर्यंत उसे भूल नहीं पाते हैं। ऐसी ही एक घटना उनके जीवन में जब वे 12वीं कक्षा में अध्ययनरत थे, तब हुई थी। वे सपरिवार शहर की एक अच्छी, संभ्रांत एवं पूर्णरूप से विकसित कॉलोनी में निवास करते थे। एक दिन न जाने कहाँ से एक पागल व्यक्ति पूर्णत: नग्न अवस्था में कॉलोनी में घूम रहा था, यह देखकर कि इसकी हरकतें शर्मनाक माहौल बना देंगी, वे एक डंडा लेकर उसे मारने के लिए घर से जा रहे थे, तभी दरवाजे पर उनके पिताजी ने पूछा कि तुम इतने रोष में कहाँ जा रहे हो, क्यों जा रहे हो और तुम्हारे हाथ में डंडा क्यों हैं?

उन्होंने वस्तु-स्थिति से अवगत कराया तो यह सुनकर उनके पिताजी ने कहा कि तुम पढ़े-लिखे समझदार लड़के हो, तुम्हें मालूम है कि वह पागल एवं मानसिक विक्षिप्त है। उसे इस बात का कोई ध्यान नहीं है कि उसके शरीर पर कपड़े हैं या नहीं। यदि तुम जाकर उस पर प्रहार करोगे तो उसकी चोट खाकर वह किसी कोने में दुबककर दर्द और पीड़ा से कराहने लगेगा। अब तुम्हीं बताओ ऐसा कृत्य करने से तुम पागल कहलाओगे या वह? पिताजी की बात ने उन्हें मानसिक चिंतन पर मजबूर कर दिया कि यदि उन्होंने जाकर डंडे से उस पागल की पिटाई कर दी होती तो वह खून में सना हुआ, दर्द से

बिलखता हुआ किसी और मोहल्ले में चला जाता, वहाँ भी सब उसे पागल कहकर उसको बाहर दौड़ाते ।

उनका मन परिवर्तित हो गया था। अब वे उस पर प्रहार न करके उसके प्रति दयावान हो गए थे। उन्हें लगा कि वह बेचारा भूखा-प्यासा होगा, यह ध्यान में आते ही वे घर से खाना ले जाकर उसे खिला देते हैं एवं अपने मित्रों की मदद से उसे वस्त्र भी पहनाकर सहानुभूतिपूर्वक कॉलोनी से बाहर कर देते हैं। उसके चले जाने के बाद वे असीम शांति एवं संतुष्टि महसूस कर रहे थे। पिताजी के रोकने से वे एक गलत कार्य करने से बच गए और अब कभी भी जीवन में कोई कार्य करते हैं तो उसके परिणाम को बहुत सोचने-समझने के बाद ही उस दिशा में आगे बढ़ते हैं।

❑

आध्यात्म-दर्पण

पंडित ओमप्रकाश शर्मा जीवन में प्रेरणा को आध्यात्मिक दर्शन का रूप मानते हैं। वे कहते हैं कि व्यक्ति के जीवन जीने में सदाचार एवं विकार की भावनाएँ समय-समय पर आती और जाती रहती हैं। सदाचारी व्यक्ति सकारात्मक सृजन करते हुए समाज को एक प्रेरणा देकर प्रेरणास्रोत बनता है, परंतु विकारग्रस्त मानव नकारात्मक सोच रखकर पतन की ओर गिरता जाता है। उसका जीवन मृत्यु के समान रहता है। उसे प्रेरणादायक अनुभूति कभी नहीं होती। हमें दृढसंकल्पित होना चाहिए कि हमारा जीवन विकारग्रस्त न हो, तभी हमारा जीवन प्रेरणास्पद होगा और उसका अनुकरण करके समाज लाभान्वित होगा। हम अपना जीवन किस दिशा में मोड़ना चाहते हैं, इसके लिए हम स्वयं उत्तरदायी हैं। ईश्वर के प्रति भक्ति एवं विश्वास, सही दिशा व राह का ज्ञान कराता है।

पंडित शर्माजी कहते हैं कि योग एवं अध्यात्म एक ऐसी साधना है, जो हमारे विचारों को सकारात्मक दिशा प्रदान करके मन को दृढ संकल्पित करता है। इससे जीवन सहज, सरल और सुखमय हो जाता है। इससे आनंद की अनुभूति स्वमेव ही हमारे मन और मस्तिष्क में धीरे-धीरे होने लगती है, जिससे हमें जीवन में शांति और संतुष्टि की प्राप्ति होकर जीवन की सार्थकता का अनुभव होता है। व्यक्ति को अपने जीवन में धर्म, कर्म, सत्संग का साथ नहीं छोड़ना चाहिए। परमात्मा पर सच्ची आस्था से व्यक्ति के जीवन में परिवर्तन संभव है, पर आस्था पाखंडी न होकर वास्तविक होना जरूरी है।

❑

नारी-शक्ति

श्रीमती रचना खरे अखिल भारतीय स्तर पर उत्कृष्ट महिला व्यवसायी के प्रियदर्शिनी अवार्ड से अलंकृत एक सफल महिला उद्यमी हैं। ये अपनी मेहनत, कठिन परिश्रम एवं सोच से खनिज-आधारित उद्योग का निर्माण कर उसका सफलतापूर्वक संचालन कर रही हैं। उन्हें एम.बी.ए. की शिक्षा प्राप्त है और अपनी प्रेरणा अपने पति को मानते हुए कहती हैं कि उनकी सफलता का कारण गहन परिश्रम, लगन व सूझ-बूझ रही है। उनका यह मत है कि वर्तमान सामाजिक परिस्थितियों में नारी को स्वावलंबी और आर्थिक रूप से सुदृढ होना समय की महती आवश्यकता है। नारी में वह अद्‌भुत शक्ति होती है कि यदि उसे सही वक्त पर सही दिशा की प्रेरणा मिल जाए तो वह कुशल गृहिणी, अच्छी बहू, पत्नी और माँ के साथ-साथ वाणिज्य के क्षेत्र में भी अपार सफलता पाकर बहुमुखी प्रतिभा का प्रदर्शन कर सकती है।

वे उदाहरण देती हुई कहती हैं कि हमें अपने पड़ोसी मुल्क चीन से सीख लेनी चाहिए कि वहाँ पर 90 प्रतिशत महिलाएँ कामकाज में व्यस्त रहती हैं। वे रेलवे, हवाई सेवा, मॉल, रेस्टोरेंट एवं बड़े-बड़े बाजारों में कार्यरत हैं, जो उनके राष्ट्र की जी.डी.पी. में बहुत बड़ा योगदान है। हमारे देश के महिलाओं को भी समुचित सुरक्षा व प्रोत्साहन मिले तो भारतीय महिलाएँ भी कमजोर नहीं हैं। वे भी कठिन-से-कठिन कार्य को करने की क्षमता रखती हैं। श्रीमती खरे का कहना था कि यदि वे अपने काम के प्रति दृढ संकल्पित नहीं होतीं

तो खनिज–आधारित उद्योग में सफलता प्राप्त नहीं कर सकती थीं। नारी के अंदर एक विशिष्ट शक्ति–तत्त्व समाहित रहता है। यदि आप कमजोर हैं तो छोटे स्तर पर ही अपनी आंतरिक शक्ति का प्रयोग करके जीवन में सफल हो सकती हैं।

❑

कर्तव्य

प्रसिद्ध समाचार–पत्र 'देशबंधु' के प्रबंध निदेशक दीपक सुरजन ने अपने विचार इन शब्दों में व्यक्त किए कि जीवन में कोई भी व्यक्तित्व तभी सफल होता है, जब उसके जीवन को सही वक्त पर सही दिशा देनेवाले प्रेरक का मार्गदर्शन प्राप्त हो। हमारे जीवन में ऐसे व्यक्तित्व भी प्रेरणा देते हैं, जो शून्य से शिखर तक पहुँचे हैं। आज से नहीं, आदिकाल से ही मनुष्य जीवन में आदर्श चरित्रों, महानायकों के प्रेरक प्रसंगों का खासा महत्त्व रहा है। ये प्रेरणादाता, शिक्षक, मित्र, परिवार के सदस्य या कोई अन्य भी हो सकते हैं। वे अपने जीवन की सफलता की प्रेरणा का श्रेय अपने माता–पिता को देते हैं। वे कहते हैं कि वे दोनों ही विकट जीवट एवं सूझबूझ के व्यक्तित्व के धनी थे।

वह अपनी आँखों देखी सत्य घटना, जो कि 40 वर्ष पूर्व घटित हुई थी, उनके मन और मस्तिष्क में आज भी जस–की–तस है। रायपुर के एक व्यस्ततम मार्ग पर अचानक एक कार तेज गति से ट्रैफिक सिग्नल तोड़कर भागती हुई निकली। ट्रैफिक हवलदार के बहुत रोकने पर भी वह भागती चली गई, तब उसने अपने स्कूटर से तेजी से उसका पीछा किया और कार ड्राइवर के तरफवाली खिड़की से लटककर घिसटता हुआ चला गया। उसने आखिरकार कार को रोक ही लिया, यह सबकुछ ऐसा हुआ जैसे किसी फिल्म का दृश्य हो, परंतु अपनी जान जोखिम में डालकर उस जाँबाज ट्रैफिक सिपाही ने कार चालक को सबक सिखाया और साथ ही वहाँ उपस्थित लोगों को भी प्रेरणा दी कि कानून का पालन किया जाना चाहिए।

वे दूसरे प्रेरणा प्रसंग में अपनी बेटी कृति का उल्लेख करते हुए बताते

हैं कि लगभग 22 साल पूर्व वे सपरिवार रायपुर से जबलपुर सड़क मार्ग से लौट रहे थे। अलस्सुबह मीठी नींद का वक्त था कि जब बरघाट (बालाघाट) के पास उनकी कार एक पेड़ से टकरा गई। वे सभी घायल थे, ऐसे में उन्होंने उसे एक परिचित के बारे में जानकारी दी और वह अकेले ही उनका घर ढूँढ़ते हुए उनके पास पहुँची और उनको लेकर आई। वे भी उसे उस घायल अवस्था में देखकर चौंक गए थे। कृति की त्वरित बुद्धि और साहस की वजह से उन्हें सिवनी जिला अस्पताल में भरती कराया गया, उस समय कृति की उम्र सिर्फ 12 साल की थी।

पुराने समय में संयुक्त परिवार का चलन था, परंतु अब एकल परिवार का चलन आ गया है। संयुक्त परिवार में घर का मुखिया समय-समय पर प्रेरणा देने की मिसाल कायम करते थे। वे शांति और सद्भाव से रहने के प्रेरणास्रोत थे।

❑

नेता हमारे प्रेरणास्रोत

मेरे एक मित्र श्याम सुंदर जेठा, जो दीपक एडवरटाईजिंग एजेंसी के संचालक हैं, ने बताया कि राजनीति में उच्च शिखर पर विराजमान नेतागण उनके जीवन के प्रेरणास्त्रोत हैं। यदि आपको इसमें कोई संशय हो तो मैं उनके पास आपको ले चलता हूँ, आप स्वयं हमारे वार्त्तालाप के बाद मेरी बात से सहमत हो जाएँगे।

मैं जेठाजी के साथ उनके आदर्श नेताजी के पास गया और जेठाजी ने मेरा परिचय उनसे कराते हुए बताया कि ये एक लेखक हैं, जो कि प्रेरणादायक घटनाओं पर किसी पुस्तक का लेखन कर रहे हैं। नेताजी बोले कि न जाने क्या बात है कि पत्रकार और लेखक हमारे प्रेरक प्रसंगों का उल्लेख नहीं करते, बल्कि कार्यप्रणाली की आलोचना करते हैं। यह मेरी सहनशीलता है कि मेरे विरोधी मेरे बारे में अनर्गल बातें करते हैं, परंतु मैं इन सभी बातों को भूलकर उनसे लड़ता नहीं हूँ, बल्कि कभी भी उनसे मिल लेता हूँ। जेठाजी बोले, "हम लोग आम जनजीवन में छोटी-छोटी बातों से आपा खोकर लड़ाई-झगड़ा एवं मारपीट करते हैं। नेताजी के समान सहनशीलता हम सबके लिए प्रेरणा का स्रोत है।"

यह सुनकर नेताजी प्रसन्न हो गए और बोले कि नेतागिरी में स्थायी वैमनस्यता कभी नहीं होती। दिल मिले या न मिले, हम लोग हाथ मिलाते रहते हैं, क्योंकि हमें कभी भी, कहीं भी एक-दूसरे की आवश्यकता बनी रहती है। इसलिए राजनीति में न तो स्थायी मित्रता होती है और न ही दुश्मनी। जेठाजी यह सुनकर बोलने लगे कि यह एक अच्छा गुण है। इसे अपनाकर हमें यह प्रेरणा मिलती है कि जीवन में स्थायी दुश्मनी किसी से मत करो।

अब नेताजी भाव-विभोर हो गए और बोले, ''विभिन्न विचारधाराओं एवं विभिन्न मतों के होते हुए भी हम लोग गठबंधन करके परिवार का एक रूप लेकर सर्वोच्च पद प्राप्त कर, उसका सुख और आनंद लेते हैं। जेठाजी का मत था कि नेताओं का यह अंदाज हमारे लिए प्रेरणा देता है कि हर परिवार और समाज में एक मजबूत गठबंधन में सब बँधे रहें, बिखराव और ना बढ़े तथा अपने जीवन में सदा आनंद को प्राप्त कर गठबंधन को अपने जीवन का अमूल्य सूत्र बना लें।

नेताजी ने वार्त्तालाप समाप्त होने के पहले अंतिम बात यह बताई कि उनमें यह खासियत है कि वे समय के अनुसार देशहित की बातों को अपने अनुसार परिवर्तित करके लक्ष्य को प्राप्त कर लेते हैं, जेठाजी ने इसकी व्याख्या करते हुए कहा कि हमें परिवार हित में, सामाजिक हित में अपने स्वभाव में परिवर्तन करते रहना चाहिए। इतने वार्त्तालाप के उपरांत हम लोग बाहर निकल आए। श्यामसुंदर जेठाजी ने मुझसे पूछा कि अब बताओ नेता मेरे प्रेरणास्रोत है, इसमें क्या बुराई है। मैंने कहा कि यह आपका निजी मामला है कि आप अपने नेता को प्रेरणास्रोत मानें या न मानें।

❑

जीवन को सफल नहीं, सार्थक बनाए

हमें जीवन को यदि समग्रता से जीना है तो हमें उसकी परिभाषा को आत्मसात् करना होगा, जीवन उतार-चढ़ाव, सुख-दुःख, आशा-निराशा, सफलता और असफलता का नाम है। यह विचार व्यक्त करते हुए प्रो. एच.बी. पालन अतीत में खो गए। वे बोले, ''जीवन में कुछ-न-कुछ घटनाएँ ऐसी घटित हो जाती हैं, जो हमारी दिशा एवं दशा बदल देती हैं। उन्होंने बताया कि उनकी शिक्षा केमेस्ट्री में एम.एससी. होने के कारण उस समय उन्हें रोजगार के अवसरों की कोई कमी नहीं थीं। देश के प्रतिष्ठित अनेक संस्थान उन्हें नौकरी देने के लिए तैयार थे।

उनमें से एक मफतलाल इंडस्ट्रीज में कार्य करने हेतु वे मुंबई गए, परंतु दुर्भाग्यवश वहाँ कार्यरत होने के पहले ही उनके पिताजी का निधन हो गया और उन्हें वापस जबलपुर आना पड़ा। उनकी माँ ने उन्हें बुलाकर कहा कि मैं अकेली हो गईं हूँ, इसलिए तुम जबलपुर से बाहर मत जाओ। यह सुनकर वे स्तब्ध रह गए और समझ नहीं पा रहे थे कि मफतलाल ग्रुप को छोड़कर माँ की बात को मानें या नहीं।

एक ओर आर्थिक भविष्य सुरक्षित था, वहीं दूसरी ओर माँ के प्रति मेरी नैतिक जवाबदारी, उनका स्नेह एवं प्यार था। इसमें उन्हें किसे स्वीकार करना चाहिए, वे असमंजस में थे। उन्होंने अपनी मन की बात माँ के सामने रखी। वे बोलीं, ''सफलता ही मात्र जीवन को ऊँचाई पर ले जाने की सीढ़ी नहीं है, तुम सफलता की जगह जीवन को सार्थक बनाओ, जो किसी के जीवन में खुशियाँ ला सके, बदलाव कर सके एवं जीवन की दशा व दिशा बदल

सके।'' माँ के इस कथन एवं विचारों ने उनके मानस पटल पर ऐसा प्रभाव डाला कि उन्होंने फैसला कर लिया कि वे जबलपुर में रहकर ही ऐसा कार्य करेंगे, जिससे माँ के सपने साकार हो सकें।

ईश्वर की कृपा से उन्हें जबलपुर साइंस कॉलेज में व्याख्याता के पद पर नियुक्ति का आदेश मिल गया। वे स्वीकार करते हैं कि माँ की प्रेरणा एवं प्रेरक व्यक्तित्व के कारण ही उन्होंने छात्रों के लिए राष्ट्रीय सेवा योजना के अंतर्गत अनेक सेवाकार्य किए, जिनमें प्रमुख हैं—प्रौढ़ शिक्षा, वृक्षारोपण, बुक बैंक योजना के माध्यम से समाजसेवा को नई दिशा देना आदि। वे धर्मार्थ चिकित्सालय एवं अनेक संस्थाओं के सेवा कार्यों से संबद्ध रहते हैं और जीवन के प्रत्येक क्षण का उपयोग वे सार्थक बनाने, दूसरों को खुशियाँ बाँटने में व्यतीत करते हैं। इससे उन्हें जीवन में असीम शांति और आत्मसंतुष्टि मिलती है। उनका कहना है कि व्यक्ति को अपने जीवन को समग्रता के साथ जीना चाहिए। हमें पल-पल का सदुपयोग करते हुए परमार्थ करना ही जीवन की सफलता है।

❑

अहंकार

आलोक दवे (रिटा. जी.एम. रेलवे) ने बताया कि मानव में अहंकार न हो, यह बहुत कठिन है। हम सेवा अवश्य करते हैं, परंतु उसमें अहंकार का भाव न हो, तभी वह सच्ची सेवा है। इसी संबंध में वे अपने जीवन की एक घटना बताते हैं, जिसने न केवल उनके मन से अहंकार हटा दिया 'बल्कि सबकुछ कर्ता-धर्ता प्रभु हैं, हम केवल उनके माध्यम है', का अहसास भी कराकर उनके जीवन में अभूतपूर्व परिवर्तन कर दिया।

सन् 2006 में उनकी अतिप्रिय चाचीजी की कैंसर से मृत्यु हो गई, उनके इलाज के लिए सभी ने बहुत कोशिशें कीं और पता लगा कि इस असाध्य रोग में खर्च तो बहुत होता है, परंतु हाथ कुछ नहीं आता, सिवाय इसके की रोगी का कष्ट हम कुछ दिनों के लिए और बढ़ा देते हैं। सन् 2007 में उनका स्थानांतरण मंडल रेल प्रबंधक के पद पर जबलपुर में हुआ, इसी दौरान पता चला कि काँकेर में एक गरीब परिवार के छह माह के एक बच्चे को कुछ इलाज की आवश्यकता है, उन्होंने पत्नी की सहमति लेकर सेवा के रूप में उसे इलाज कराने का मन बना लिया। उन्हें ऐसा लगा जैसे इस कार्य को करने में परमपिता परमेश्वर का विशेष अनुग्रह है। उन्होंने दृढ निश्चय के उपरांत जुलाई माह में उस व्यक्ति से मुलाकात की।

काँकेर के रहनेवाले उस गरीब व्यक्ति ने अपनी व्यथा बताते हुए कहा कि उसके नवजात शिशु की आँखों में कुछ समस्या है। उसने रायपुर में इलाज करवाया था, पर जब वह हैदराबाद गया तो उसे पता चला कि उसके छह माह के बच्चे की एक आँख में कैंसर है। आलोक दवे यह सुनकर घबरा

गए, क्योंकि उन्होंने अपनी चाची के इलाज में होनेवाले खर्च को देखा था। यह बात जब उन्होंने पत्नी को बताई तो उनकी पत्नी ने साहसपूर्वक कहा कि यह सेवा का कार्य है, अब पीछे मत हटना। दवेजी भयभीत थे कि इस इलाज में लाखों रुपए का खर्च होगा, इसे वह कैसे दे सकेंगे ? यह सोचकर वे बहुत परेशान हो गए, परंतु पत्नी के कहने पर भरे मन से सोचने लगे कि शायद यह रुपए अपने पी.एफ. से निकालने पड़ेंगे, जो एक सरकारी कर्मचारी के लिए बहुत कष्टप्रद होता है, वह भी तब, जब आप अपने या अपने परिवार को छोड़कर किसी अनजान पर खर्च कर रहे हों। उन्होंने तुरंत ही शंकर नेत्रालय में बात की और 3 अगस्त का समय मिला। उन्होंने उस बच्चे को परिवार सहित चेन्नई जाने की व्यवस्था कर दी और उसके बाद अपनी दैनिक दिनचर्या एवं कार्यालीन कार्यों में व्यस्त हो गए।

दिनांक 7–8 अगस्त के आसपास उनके एक रेलवे से सेवानिवृत्त मित्र आए और उन्होंने चेन्नई में 5 दिनों के लिए 15 से 20 अगस्त तक रेस्ट हाऊस में प्रबंध करने की मदद माँगी। उनके मित्र ने चर्चा के दौरान बताया कि चेन्नई अपनी आँख की जाँच करवाने के लिए जा रहे हैं, क्योंकि छह माह पहले ही उनकी एक आँख, जिसमें कैंसर था, का शंकर नेत्रालय में ऑपरेशन हुआ है और उसकी जगह पत्थर की आँख प्रत्यारोपित की गई है। यह सुनकर उनके जेहन में घंटियाँ सी बज उठीं। दवेजी ने डरते–डरते अपने मित्र को बताया कि एक छोटा बच्चा, जिसकी आँख में कैंसर है, 3 अगस्त को शंकर नेत्रालय में बुलाया गया है। उनके मित्र अनमने से होकर बोले, "समय क्यों व्यर्थ कर रहे हो, कहीं कैंसर उसकी दूसरी आँख या मस्तिष्क में न फैल जाए।" उन्होंने शंकर नेत्रालय में स्वयं ही चिकित्सक से बात कर 15 अगस्त की तारीख उस बच्चे के ऑपरेशन के लिए निर्धारित कर दी। यह सब इतनी जल्दी में हुआ कि मुझे तुरंत उस व्यक्ति को सूचना देकर चेन्नई में ही रुकने का प्रबंध करना पड़ा।

अब उनके मन में खर्च के प्रश्न ने परेशान करना शुरू कर दिया। उन्होंने डरते–डरते अपने मित्र से पूछा कि इस ऑपरेशन में कितना खर्च होता है। उसने बताया मात्र 45 हजार रुपए लगते हैं। यह सुनते ही दवेजी की चिंता

समाप्त हो गई तथा उन्होंने तुरंत बैंक से 45 हजार रुपए निकालकर मित्र को दे दिए और उसे चेन्नई रवाना कर दिया। एकाएक सभी कुछ व्यवस्थित व संभव सा लगने लगा। उनके मित्र ने उस बच्चे के इलाज में बहुत मदद की, यहाँ तक कि उसने अपनी तरफ से अस्पताल के प्रबंधक से कुछ छूट देने का अनुरोध किया कि वह एक बच्चा है और उसका पिता गरीब है। उसने दवेजी को जब फोन पर यह बताया तो दवेजी बोले कि ऐसा अनुरोध करने की कोई आवश्यकता नहीं है, इतना खर्च वह सहर्ष वहन कर सकते हैं। दूसरे दिन उनका मित्र जब पुनः प्रबंधक से मिला तो उसने बड़े उत्साह से सूचित किया कि अस्पताल प्रबंधन ने निर्णय लिया है कि शंकर नेत्रालय में इस बच्चे का ऑपरेशन न केवल निःशुल्क किया जाएगा, बल्कि अगले पाँच सालों तक का चैकअप भी निःशुल्क होगा।

उनके मित्र ने तुरंत ही यह जानकारी दवेजी को टेलीफोन पर दे दी। यह सुनकर दवेजी हतप्रभ रह गए। वे अहंकारवश सोच रहे थे कि 45 हजार रुपए खर्च करके उस बच्चे का ऑपरेशन कराकर वे सेवाकार्य कर रहे हैं, परंतु अब उसका निःशुल्क ऑपरेशन प्रभु कृपा से होना, जानकर उनको यह आभास हो गया कि सबकुछ प्रभु की इच्छा पर निर्भर है, वे केवल निमित्त मात्र थे। अहंकार के इस रूप को समझने में उन्हें समय लगा, पर यह उनके जीवन की सबसे अभूतपूर्व व रोमांचित करनेवाली घटना है। वे यह अच्छे से समझ गए कि विपत्ति के समय तुम जब घबराते हो कि अब क्या होगा और कैसे होगा, उस समय भी याद रखो कि करनेवाला अब भी परमपिता परमेश्वर ही हैं।

❑

उद्योग और विकास

उद्योगपति अरुण भटनागर कहते हैं कि वर्तमान समय में कठिन आर्थिक मंदी की परिस्थितियों में समुचित तकनीकी जानकारी के बिना, माल की बिक्री में कठिन स्पर्धा की स्थिति में कार्यभार सँभालने की क्षमता रखनेवाला व्यक्ति न हो तो किसी भी उद्योग को आज की परिस्थितियों में खोलने का निर्णय लेना, अपने परिवार को आर्थिक जोखिम में डालना ही है। उन्होंने बताया कि आज से 20 वर्ष पूर्व ब्रोमाइट केमिकल, नामक संस्थान में उन्होंने अपने एक भागीदार के साथ मिलकर फोटो प्रोसेसिंग केमिकल जिसका उपयोग मेडिकल, इंडस्ट्रियल एक्स-रे फिल्म, ग्रेफिक आर्ट फिल्म तथा कागज के निर्माण में होता है, का उत्पादन प्रारंभ किया था। उस समय इसे देश में केवल बहुराष्ट्रीय कंपनियाँ जैसे—कोडेक, एगफा, फ्यूजी एवं मे एंड बेकर आदि ही इनको बनाती थी। उनके कठिन परिश्रम, मेहनत एवं उत्पादन की गुणवत्ता के कारण धीरे-धीरे बाजार में उनके उत्पादन की बिक्री बढ़ती चली गई।

उन्हें इस केमिकल के निर्माण की प्रेरणा उनकी माँ के विचारों के कारण प्राप्त हुई, जो एक स्वतंत्रता संग्राम सेनानी थी और हमेशा कहा करती थी कि हमें पश्चिमी देशों का अनुसरण न करते हुए अपने देश में तकनीकी विकास से औद्योगिक विकास करना चाहिए। वे कहते हैं कि दूसरे प्रेरणास्रोत एक रेलवे ड्राइवर, जिसने उन्हें जब वे कोडेक कंपनी में तकनीकी बिक्री अधिकारी थे, तब सहयोग दिया था। उनके तीसरे प्रेरणास्रोत दिल्ली प्रेस के तत्कालीन निदेशक थे, उन्होंने इस केमिकल के उत्पादन के लिए प्रेरित किया। ईश्वर की कृपा से उनका व्यापार सफल होता चला

गया और आज विदेशों में भी उनकी कंपनी का माल जाता है, जिससे हमारे देश को विदेशी मुद्रा प्राप्त होती है। अरुण भटनागरजी का जीवन कठिन परिश्रम, लगन एवं कार्य के प्रति समर्पण में बीत रहा है, जो आज की युवा पीढ़ी के लिए प्रेरणा का स्रोत है।

❑

शिक्षक का कर्तव्य

अपने बौद्धिक कौशल, चिंतन एवं सवंदेना के अद्‌भुत समन्वय के साथ-साथ नीति निर्धारण, योजनाओं के क्रियान्वयन तथा आर्थिक संयोजन में चिंतन की अद्‌भुत क्षमता के धनी डॉ. फादर वलन अरासू, जो सेंट अलायसिस कॉलेज में प्रधानाध्यापक हैं, कहते हैं कि वे छात्रों के प्रति स्नेह, करुणा एवं उनके कल्याण के लिए प्रतिबद्ध हैं। वे विद्यार्थियों के प्रति असीम स्नेह के दो उदाहरण बताते हैं।

एक विद्यार्थी अत्यंत उद्‌दंड एवं अशिष्ट था, उसका अध्ययन के अतिरिक्त शेष हर जगह दखल रहता था। वह अकसर मारपीट एवं अभद्र व्यवहार करता रहता था, सभी अध्यापकों की राय थी कि उसे महाविद्यालय से निष्कासित कर दिया जाए, परंतु फादर ने उसे बुलाया, उसकी पारिवारिक स्थिति की जानकारी प्राप्त की। वह छात्र अपने माता-पिता का इकलौता पुत्र था तथा उसके पिता को कैंसर था। फादर ने उसे भावनात्मक रूप से झिंझोड़ा, समझाया और पारिवारिक प्रतिष्ठा एवं दायित्वों का बोध कराया। उस विद्यार्थी में अंततः परिवर्तन हुआ और तब से वह गुरुजनों का बेहद सम्मान करने लगा। वह एक दिन फादर के पास आया और बोला कि आप चाहते तो मुझे महाविद्यालय से निकाल देते, परंतु आपने मेरे भविष्य को देखते हुए मुझे समझाया, मेरे पिता से संपर्क किया, इससे मेरा सोचने का ढंग बदल गया। आपने वास्तव में मेरे भविष्य की रक्षा की। इतना कहते हुए उसने फादर के चरण स्पर्श करके आशीर्वाद लिया।

दूसरे उदाहरण में एक विद्यार्थी किसी बाहरी जिले से पढ़ने के लिए

आया था और छात्रावास में रहता था। कालांतर में पता चला कि घर से पैसा पाने के बाद भी उसने न तो शुल्क जमा किया और न ही उचित ढंग से पढ़ाई की। फादर ने उसके पिता को बुलवाया तथा संपूर्ण स्थितियों से अवगत कराया। उस छात्र के पिताजी हतप्रभ हो गए कि उन्होंने बड़े अरमान के साथ अपने बेटे को इस प्रसिद्ध संस्थान में पढ़ने के लिए भेजा था, किंतु उनका यह बेटा उनके साथ ही नहीं अपितु अपने जीवन के साथ भी छल कर रहा है। वे स्वयं एक शिक्षक थे, फादर ने उस बच्चे की जिम्मेदारी अपने ऊपर ले ली और कक्षा में उसकी उपस्थिति तथा समय निष्ठता को सुनिश्चित करने की व्यवस्था की। इसलिए उन्होंने कुछ अध्यापकों एवं उपप्राचार्य को इसका दायित्व सौंपा, जिसका परिणाम यह हुआ कि वह विद्यार्थी मुख्यधारा में आकर अध्ययन के प्रति समर्पित हो गया।

फादर के विचार हैं कि उनकी आवश्यकता उन्हें नहीं है, जो समर्थ हैं, बल्कि उन्हें है, जो अक्षम और अभावग्रस्त हैं। राह से भटके हुए विद्यार्थियों को सन्मार्ग पर ले आना सच्ची सेवा है। इसलिए शैक्षणिक संस्थानों का दायित्व है कि वे पूरी सोच, विद्यार्थियों के हित और उनके चरित्र निर्माण पर ध्यान केंद्रित करें। बहुत अच्छे परिवार से आए अत्यंत सभ्य और तीव्र बुद्धिवाले विद्यार्थी सभी को प्रिय होते हैं, परंतु निम्न जीवन स्तर से आए हुए एकाग्रहीन और सामाजिक शिष्टाचारों से अनभिज्ञ विद्यार्थियों को अधिकतम समय देना तथा उन्हें श्रेष्ठ मनुष्य के रूप में परिवर्तित करना वास्तविक राष्ट्रनिर्माण है।

❑

मित्र की मित्रता

हमें सफलता के लिए पूर्ण दक्षता के साथ कर्म तो करना चाहिए, किंतु कर्म से प्राप्त अच्छा या बुरा जैसा भी हो, उसे ईश्वर की इच्छा मानकर स्वीकार करना चाहिए, ताकि हमारा जीवन आनंदित एवं प्रफुल्लित रहे। यह विचार व्यक्त करते हुए धर्म प्रेमी, प्रतिष्ठित व्यवसायी एवं अनेक धर्मार्थ संस्थाओं के प्रणेता एवं चेयरमेन मधुसूदनदास मालपाणी ने आगे कहा कि आज मानव-का-मानव से प्रेम कम होता जा रहा है। यदि मानव दूसरे मानव की कठिनाइयों को समझे और उसके निराकरण का प्रयास करे तो समाज में क्रांति लाई जा सकती है।

एक उदाहरण देकर बताते हैं कि दो मित्र एक ही पाठशाला में अध्ययनरत थे। अध्ययन समाप्त होने के पश्चात् वे दोनों अपने-अपने कार्यों में व्यस्त हो गए। कई वर्षों बाद उनकी आपस में मुलाकात होती है, वे दोनों एक-दूसरे से मिलकर बहुत प्रसन्न होते हैं। उनकी आपस में बातचीत से ज्ञात होता है कि एक मित्र बहुत कठिन परिस्थितियों से गुजर रहा है। वह ईमानदारी से कठोर परिश्रम करने के बाद भी इतना धन नहीं कमा पाता कि परिवार का पालन-पोषण कर सके। उसका दूसरा मित्र व्यवसाय में बहुत तरक्की करके सुख, समृद्धि एवं वैभव का जीवन जी रहा था।

उसे अपने दूसरे मित्र का हाल जानकर बहुत दुःख हुआ और उसने उसे मदद करने के लिए अपने व्यवसाय में साइकिल स्टैंड का ठेका दे दिया। उसने ईमानदारी से काम करते हुए साइकिल स्टैंड से प्राप्त होनेवाली आय दुगुनी कर दी, जिससे प्रभावित होकर प्रबंधन ने उसे भोजनालय विभाग का

भी संचालक बना दिया। यह काम करते हुए भी उसने आय में काफी वृद्धि कर ली। अपने व्यवसाय की आय में दिन दूनी और रात चौगनी वृद्धि देखकर उसके मित्र ने उसे व्यवसाय में भागीदार बना लिया।

अब वह मित्र आर्थिक रूप से स्वावलंबी हो गया, उसकी कड़ी मेहनत और ईमानदारी से दोनों ही मित्रों को आर्थिक लाभ हुआ। इस प्रकार अभावों से त्रस्त उस मित्र का जीवन परिवर्तित हो गया। आज भी वह अपने बचपन के पुराने मित्र का आभारी है, जिसने उसे आर्थिक रूप से नया जीवन प्रदान किया। इस उदाहरण से हमें यह प्रेरणा मिलती है कि खराब वक्त में हमें हमारे मित्र, सहयोगी या रिश्तेदारों की मदद अवश्य करनी चाहिए, ताकि वे पुनः स्थापित हो सकें।

❑

कार्य के प्रति समर्पण

मध्य प्रदेश उच्च न्यायालय के वरिष्ठ अधिवक्ता हरिशंकर दुबे ने म्यूनिसिपल हाई स्कूल गाडरवारा से हायर सेकेंड्री की परीक्षा उत्तीर्ण करने के बाद एल.एल.बी. की डिग्री प्राप्त की। उनके गाँव में उनका संपर्क गरीब लोगों से हुआ। उन्होंने महसूस किया कि ऐसे गरीब तबके के लिए न्याय मिलना आवश्यक है, तभी वे अपना भविष्य उज्ज्वल बना सकेंगे।

एल.एल.बी. करने के पश्चात् कुछ समय के लिए वरिष्ठ अधिवक्ता एस.सी. दत्त के यहाँ अनुभव प्राप्त किया। वे दत्त साहब की कार्यप्रणाली और उनका कार्य के प्रति समर्पण देखकर बहुत प्रभावित हुए तथा उनको अपना प्रेरणास्रोत मानने लगे। वे उदाहरण देकर बताते हैं कि उनके यहाँ काम करने के दौरान वे अपनी निजी वकालत भी करते थे, यहाँ तक कि कुछ प्रकरणों में हम दोनों एक-दूसरे के विरुद्ध न्यायालय में उपस्थित होकर जिरह करते थे।

मेरे ऊपर पक्षकारों को विश्वास था कि उनकी तरफ से केस लड़ने के लिए मेरी ओर से कोई कमी नहीं रहेगी। यह उनके आत्मविश्वास की बात थी, इससे उन्हें प्रेरणा मिली कि मेहनत और ईमानदारी से कार्य करने का फल अवश्य मिलता है। उनके यहाँ आज भी गरीब तबके के लोगों को कानून संबंधी मुफ्त मदद दी जाती है, जिसे वे अपना धर्म मानते हैं। श्री दुबेजी का कहना है कि व्यक्ति को अपने कार्य को ही अपना धर्म मानकर करना चाहिए। अधिवक्ता का अपने पक्षकार के प्रति समर्पण तथा उसके प्रकरण के प्रति ज्ञान ही सफलता और असफलता का आधार बनता है, अतः पूरी निष्ठा और समर्पण से अपने कार्य को अंजाम देने से यदि असफलता भी मिलती है तो आत्मसंतोष बना रहता है। ❑

जीवन-संघर्ष

सुप्रसिद्ध चिकित्सक डॉ. जी.सी. दुल्हानी से जब मैंने चर्चा की तो वे अतीत में मानो खो गए, वे बोले कि उनका सारा जीवन संघर्ष, समझौते एवं समर्पण में बीत गया। उनके इंटरमीडिएट की शिक्षा पूर्ण होते ही उनका जीवन संघर्ष आरंभ हो गया। वे उस समय की घटना को याद करते हुए बताते हैं कि उनके परिवार में किराने की एक दुकान हुआ करती थी, जिसमें तीन भागीदार थे, उनके दादा, दादा के सगे भाई एवं दादा के चचेरे भाई। उनमें सबकुछ ठीक चल रहा था, परंतु एक दिन अचानक ही उनके दादा, जो सबसे बड़े और वृद्ध थे, उन्हें उनके सगे भाई व चचेरे भाई ने मिलकर दुकान से उनका हिस्सा दिए बिना ही बेदखल कर दिया। हम लोग यह नहीं समझ पाए कि ऐसा क्यों हुआ। हमारे परिवार में उस समय 15 सदस्य थे और हमें इस अचानक हुए परिवर्तन से खाने के भी लाले पड़ गए।

हम लोगों ने बड़ी मुश्किल से रुपयों की व्यवस्था कर किराने की एक छोटी सी दुकान प्रारंभ कर ली, परंतु उससे इतने बड़े परिवार का गुजारा संभव नहीं था। उनके दादा एवं माँ को उनके बड़े बेटे होने की वजह से उनसे बहुत उम्मीदें थीं। उन्हीं दिनों उनके मित्रों ने मेडिकल कॉलेज में एडमिशन के लिए फॉर्म मँगाए, उस समय आज के समान एंट्रेंस एग्जाम नहीं होते थे। उनके एक मित्र ने गलती से दो फॉर्म मँगा लिये, उसमें से एक फॉर्म इन्हें देकर उसे भरकर भिजवाने के लिए कहा। डॉ. दुल्हानी ने उसे भरकर भिजवा दिया, परंतु जब घर में पता चला तो जैसे बवाल सा मच गया। उनके घर में माँ और

दादा दोनों ही घर से दूर रहकर शिक्षा लेने के खिलाफ थे। उन्हें संभवत: यह डर सता रहा था कि डॉक्टर बनने के बाद वे उनसे अलग हो जाएँगे। उन्हें समझाने और उनकी सहमति लेने के लिए उनको घर में ही तीन दिन भूख हड़ताल करनी पड़ी, तब बड़ी मुश्किल से इसके लिए सहमति बन सकी।

अब फॉर्म जमा करने की अंतिम तिथि में मात्र दो दिन बचे थे। वे फॉर्म लेकर जबलपुर अपने जीजाजी के पास आए, उन्होंने तुरंत ही अपने कर्मचारी को फॉर्म एवं रुपए देकर जमा कराने भिजवा दिया। प्रभु कृपा से उनका फॉर्म जमा होकर प्रवेश भी मिल गया। उन्हें कॉलेज के ही हॉस्टल में रहने के लिए एक कमरा मिल गया। अब उनके लिए पाँच साल की पढ़ाई के लिए निवास, भोजन और किताबों के रुपए का इंतजाम करना आसान नहीं था। उन्होंने स्कॉलरशिप के लिए फॉर्म भर दिया, उनका यह आवेदन मंजूर होकर उन्हें प्रतिवर्ष 1200 रुपए स्कॉलरशिप स्वीकृत हो गई और न जाने कैसे देखते-देखते ही पाँच वर्ष व्यतीत हो गए और वे डॉक्टर बन गए।

अब उनका जीवन संघर्ष और भी तेज हो गया। उन्हें स्वयं को स्थापित करना, छोटे भाइयों और बहनों की अधूरी पढ़ाई को पूरी करवाने की जवाबदारी एवं उन्हें समुचित रोजगार से लगाना आदि काम आसान नहीं था। उनके रिश्ते के एक चाचाजी ने जबलपुर लालमाटी क्षेत्र में एक दुकान दिलवा दी और फर्नीचर आदि की व्यवस्था भी उन्हीं के द्वारा कर दी गई। इसी दुकान से उन्होंने अपनी क्लीनिकल प्रैक्टिस आरंभ की और धीरे-धीरे उनका काम वहाँ जम गया। वे अपने पूरे परिवार को अब जबलपुर ले आए। उनके दादा, दादी की मृत्यु के उपरांत भी उनकी पत्नी को मिलाकर कुल 14 सदस्य थे। उनके पास इतना रुपया तो नहीं था कि वे अपने भाइयों का व्यवसाय शुरू कराते। उन्होंने उन सबको पूरी शिक्षा दिलवाकर कुछ ऐसे हुनर सिखाए, जिससे वे अपनी रोजी-रोटी लायक धन कमा सकें। वे सभी इस बात से सहमत थे और धीरे-धीरे समय के साथ वे सभी धनोपार्जन करने लगे और अपनी अपनी शादियों के बाद सुखी एंव संतुष्ट जीवन व्यतीत कर रहे हैं।

डॉ. दुल्हानी कहते हैं कि उनके इस जीवन संघर्ष में सफल होने का

श्रेय उनकी पत्नी को है, जिसने हर कदम पर ईमानदारी एवं लगन के साथ सहयोग दिया। अपने लिए कभी कुछ भी नहीं माँगा। यदि उनका सहयोग एवं मार्गदर्शन प्राप्त नहीं होता तो कुछ भी संभव नहीं था। आज ईश्वर की असीम कृपा से उनके पास समृद्धि एवं प्रतिष्ठा दोनों हैं।

❑

गुरु-कृपा

पंडित रोहित दुबे भुवन 'विजय पंचांग' के संपादक, शिक्षा में इंजीनियरिंग स्नातक एवं सुप्रसिद्ध ज्योतिषाचार्य के रूप में जाने जाते हैं। वे कहते हैं कि यदि पूर्व जन्मों की बात छोड़ दें तो इस जन्म में उन्हें हनुमानजी के अनन्य भक्त गुरुदेव पंडित श्री रमाकांत झा का सान्निध्य मिला। उनके 12 वर्ष की अवस्था से ही पारिवारिक परिस्थितियाँ उनके अनुकूल नहीं थी, किंतु उनके गुरुदेव ने उनकी बाँह पकड़कर धर्म, अध्यात्म के साथ-साथ शिक्षा की ओर भी पूर्ण ध्यान दिया और छोटी-छोटी प्रेरणादायक बातों को सरल एवं ग्राह्य बनाकर अंतर्मन में इस प्रकार प्रविष्ट किया कि वे आज तक जीवन में संबल बनकर प्रेरणा के स्रोत हैं।

ज्योतिष के क्षेत्र में उनकी स्वयं की कोई रुचि नहीं थी, परंतु गुरुजी की कृपा का ही परिणाम है कि आज कर्मकांड और ज्योतिष उनका कार्यक्षेत्र बन गया है। इंजीनियरिंग की तकनीकी शिक्षा का अध्ययन करने के साथ-साथ गुरुजी ज्योतिष शास्त्र का अध्ययन भी करते रहे, जो आज उनकी जीविका का माध्यम भी बन गया।

इंजीनियरिंग के शिक्षा की पूर्णता के पूर्व उनके मार्गदर्शक का स्वर्गारोहण हो गया। उन्होंने मृत्यु के आधे घंटे पूर्व उन्हें आदेश देकर यह शपथ ग्रहण करवाई कि उन्हें उनका उत्तरदायित्व स्वीकार करना होगा। समाज के प्रतिष्ठित व्यक्तियों ने उन्हें पूर्ण रूप से ज्योतिष के क्षेत्र में प्रवेश करा दिया और तकनीकी डिग्री होने के बाद भी जीवन की दिशा ही परिवर्तित हो गई। अब ज्योतिष के साथ-साथ वे पंचांग निर्माण के सूत्र, जो अत्यंत कठिन होते हैं, उसमें भी

पारंगत हो गए। उनकी एकाग्रता, समर्पण तथा सेवा की त्रिवेणी ने जीवन की धारा को स्वर्णिम मोड़ दे दिया एवं उनकी प्रतिष्ठा में उत्तरोत्तर प्रगति होने लगी।

समय अपनी गति से चल रहा था, उसी समय पंडित रामकिंकरजी उपाध्याय ने स्वयं के लिए भविष्यवाणी एवं ज्योतिष परीक्षण के लिए उनका सम्मान किया, जिसकी सुखद अनुभूति उनके जीवन की सबसे सुरक्षित निधि है। उन्हें वे अपने जीवन में प्रेरणा का स्रोत मानते हैं। जीवन में कई बार विकट परिस्थितियों में जब अपने आपको असहाय महसूस किया, रास्ता नहीं दिखाई दे रहा था, तो उस क्षण भी उनका स्मरण करने मात्र से ही सभी समस्याओं का दैविक समाधान हो जाता है। जीवन में प्रभु-कृपा के बाद संतों की कृपा का प्रभाव भी विलक्षण होता है। स्वामी गिरीशानंदजी का आशीर्वाद भी पथ-प्रदर्शक के रूप में आज भी वे अपने अंतर्मन में महसूस करते हैं। उनका मानना है कि पिता की साधना एवं माँ का स्नेह पाने के बाद जो अपने कर्तव्य का पालन करता है, वही पुत्र आगे चलकर धन्य होता है।

❑

पड़ोसी धर्म

आम आदमी की जिंदगी में भी कुछ घटनाएँ इस तरह घटित होती हैं कि व्यक्ति के मस्तिष्क में अंकित हो जाती हैं और उसे मानवीय आधार पर कार्य करने की प्रेरणा देती हैं। ऐसा कहते हुए श्रीमती ममता गिरिराज ने एक घटना के विषय में विस्तारपूर्वक बताया, जिसने उनके मन, मस्तिष्क को झकझोर दिया था।

वह अपने परिवार के साथ जिस स्थान पर निवास करती थी, वहाँ चर्च, गुरुद्वारा, मंदिर एवं मसजिद बने हुए थे तथा सभी धर्म के अनुयायी अपने-अपने धर्म और श्रद्धा के अनुसार पूजन, अर्चन, वंदन करते हुए अपने परिवार के साथ सौहार्दपूर्वक रहते थे। वहाँ की महिलाएँ जब आपस में मिलती थीं तो यह कमी अवश्य बताती थीं कि सब लोग बड़े शहरों की तरह अपने-अपने में ही मगन रहते हैं। हमें एक-दूसरे से मिलना चाहिए, एक-दूसरे से सुख-दुःख की जानकारी लेनी चाहिए। इस पर बातें तो बहुत होती थीं, परंतु व्यवहार में ये बातें आई नहीं थीं।

एक दिन अचानक 31 अक्तूबर, 1984 को अप्रत्याशित घटना घट गई, जिसने पूरे देश को झकझोर दिया। देश की प्रधानमंत्री श्रीमती इंदिरा गांधी की सुरक्षा में तैनात सुरक्षाकर्मी ने उनकी गोली मारकर हत्या कर दी। सुरक्षाकर्मी सिख सरदार था, इस घटना से देश की सद्‌भावना, अमन-चैन, मानवीय भाईचारा कुछ समय के लिए शून्य हो गया और अकल्पनीय रूप से हिंसा भड़क उठी। लोग बिना सोचे-विचारे अपना सारा क्रोध सिख समुदाय पर उतारने लगे।

उनके निवास के ठीक सामने एक सरदारजी का परिवार रहता था। सरदारजी किसी काम से बाहर गए हुए थे। उनके घर के सामने उग्र भीड़ एकत्रित हो गई। घर में सरदारनी अपने पुत्र एवं पुत्री के साथ अकेली थी। भीड़ दरवाजा तोड़ने की कोशिश कर रही थी, उनके घर पर पेट्रोल और मिट्टी का तेल डालकर आग लगाने की कोशिश हो रही थी। सरदार परिवार का जानमाल सबकुछ स्वाहा होने के कगार पर था। उस मकान के आसपास के सभी लोग एकत्रित होकर उग्र भीड़ को समझा रहे थे, पर भीड़तंत्र किसी का सुनने को तैयार नहीं था।

गिरिराज चाचा अचानक ओढ़ने की अंडी (एक प्रकार के ओढ़ने का कपड़ा) लेकर नाले की तरफ से पड़ोसी सरदारजी के घर में पहुँच गए और सरदारनी को अंडी देकर लपेटने को कहकर सबको साथ में लेकर वापस अपने घर आ गए। सरदारनी और उनके बच्चों को सुरक्षित करने के बाद गिरिराज बाहर आकर सभी के साथ उपस्थित हो गए। इसी बीच सरदारजी के घर में भीड़ ने आग लगा दी। भीड़ में कुछ दुस्साहसी लोगों ने घर में घुसकर सामान की लूटपाट चालू कर दी। उनके घर में परिवार का कोई सदस्य नहीं मिला, यह जानकर भीड़ क्रोधित हो गई। कानून की व्यवस्था इतनी कमजोर होकर तहस-नहस हो चुकी थी कि पुलिस थाना एवं दमकल विभाग फोन ही नहीं उठा रहा था, तभी कर्फ्यू लग गया और उग्र भीड़ तितर-बितर हो गई थी।

सरदारनी व बच्चों को सुरक्षित लाने एवं अपने घर पर रखने के कारण उनके मकान मालिक नाराज हो रहे थे। वहाँ आसपास के सभी लोग एकत्रित थे कि अन्य कोई घटना ना घटे, इस दृष्टि से चौकस भी थे। सभी महिलाओं को अपने-अपने घरों में भेज दिया गया था और पुरुष वर्ग सड़क पर घूम रहा था। किसी ने यह सत्य प्रसारित कर दिया था कि सरदारनी एवं बच्चों को गिरिराज चाचा पीछे से निकालकर अपने घर ले गए हैं। यह जानकर कुछ अवांछित लोग पुनः उनके घर के आसपास एकत्र होकर उनको अनाप-शनाप कहते हुए चिल्लाने लगे। 'सरदारनी को बाहर निकालो' के नारे लगने लगे। उनके पड़ोसी पूरे सचेत थे, उन्होंने उन लोगों को समझाना शुरू किया और उनके दरवाजे के सामने सुरक्षा हेतु खड़े हो गए। उनके एक पड़ोसी डॉ. रावत

का परिचय सेनाधिकारियों से था, सेना भी हिंसा को शांत करने में सहयोग कर रही थी। उन्होंने सैनिक कार्यालय में फोन कर दिया और 15 मिनट के अंदर ही सेना वहाँ आ गई। सैन्य अधिकारी और सेना पुलिस की सुरक्षा में सैन्य वाहन से सरदारजी के परिवार को सुरक्षित स्थान पर ले जाया गया। सेना के सिपाहियों को देखकर भीड़तंत्र भाग खड़ा हुआ।

सरदारजी की संपत्ति को आगजनी से बहुत नुकसान हुआ, पर सरदार परिवार की जान बच गई। अब आसपास के लोग उनके घर पर आए। उन्होंने स्नेह भरे क्रोध से कहा कि एकबार तो हम घबरा गए थे कि उनकी भी जान-माल खतरे में है, परंतु वहाँ के सब लोगों की एकता, समरसता और पड़ोसी धर्म की भावना देखकर धीरे-धीरे हमारे भीतर भी हिम्मत जाग्रत् हो गई। समय के साथ-साथ स्थितियाँ सामान्य होने लगीं। अब वहाँ पर सभी परिवार पहले के समान ही अपने सारे त्योहार दीवाली, होली, क्रिसमस, बैसाखी, लोहड़ी, जन्माष्टमी, दशहरा आदि एक साथ मिलकर मनाते हैं।

❑

प्रिवेंशन इज बैटर देन क्योर

डॉ. घनश्याम असरानी एक सुप्रसिद्ध समन्वय (एलोपैथी एवं आयुर्वेद) चिकित्सक हैं। वे कहते हैं कि उन्होंने मौसमी बीमारियों से बचाव हेतु गहन शोध किया है। उनका निष्कर्ष यह है कि प्रदूषित वातावरण में हम बुखार, पेट की तकलीफ एवं एलर्जी इत्यादि से कैसे बचकर रहें, ताकि ये बीमारियाँ आगे गंभीर रूप न ले सकें। वे इसका कारण असंतुलित खान-पान को बताते हैं। इनका मानना है कि भोज्य पदार्थ तीन प्रकार के होते हैं—पहला, पका भोजन अर्थात् जिसे आग पर पकाया गया हो, दूसरा कच्चा भोजन अर्थात् फल, सब्जियाँ इत्यादि एवं तीसरा पानी। वे कहते हैं कि इन तीनों को एक साथ कभी भी ग्रहण नहीं करना चाहिए, इससे ही बीमारियाँ उत्पन्न होती हैं। इन सब भोज्य पदार्थों को लेने के बीच में कम-से-कम आधे घंटे का अंतराल होना चाहिए।

लगभग 20 वर्ष के शोध के पश्चात् ये इस निष्कर्ष पर पहुँचे हैं कि यदि कच्चे, पके भोजन एवं पानी के लेने के अंतराल को व्यवस्थित रखा जाए तो किसी भी हालत में मौसमी बीमारियाँ नहीं होंगीं। वे आगे बताते हैं कि इन्होंने इस प्रदूषित वातावरण में रहते हुए भी जिन लोगों पर इसका प्रयोग किया है, उन्हें किसी प्रकार का कोई नुकसान नहीं हुआ, बल्कि वे लंबे समय से बीमार भी नहीं हुए।

वे बताते हैं कि उन्हें इस संबंध में शोध करने की प्रेरणा आज से 20 वर्ष पूर्व जब लेखक लायंस इंडिया नामक संस्था के अध्यक्ष थे, तब हुई थी। उनके द्वारा 'प्रिवेंशन इज बैटर देन क्योर' विषय पर एक संगोष्ठी का आयोजन

सभी विधाओं की चिकित्सा पद्धतियों के चिकित्सकों के बीच किया गया था, जिसमें सभी ने बीमारियों से कैसे बचें, विषय पर अपनी-अपनी बात रखी थी।

इसी संगोष्ठी में उन्होंने भी उनके उपरोक्त सिद्धांत को बताया था, इससे प्रेरित होकर उस सभागार का चौकीदार, जो इसे सुन रहा था एवं उनका पुराना मरीज था, उसने इसे अपनाया। वह लगभग तीन-चार माह बाद उनसे मिला और बोला कि डॉ. साहब मैं आपके द्वारा बताए गए भोजन के सिद्धांत को अपना रहा हूँ तथा विगत तीन माह से मैं पूर्णतया स्वस्थ्य हूँ। इससे उत्साहित होकर उन्होंने दूसरे मरीजों के ऊपर भी उनके सिद्धांत का प्रयोग करके देखा और उन्हें भी इससे समुचित लाभ प्राप्त हुआ है। डॉ. असरानी जनसेवार्थ अपने इस सिद्धांत का प्रचार-प्रसार निःशुल्क रूप से कर रहे हैं।

❑

अजगर

रंजना नाम की एक लड़की जो कक्षा आठवीं की छात्रा थी, उसे वन्य जीवों से बहुत लगाव था। वह अपने रिश्तेदार के यहाँ रहकर पढ़ाई कर रही थी, उसके पिता जंगल में तेंदूपत्ते की ठेकेदारी का कार्य करते थे एवं उसकी माँ का निधन काफी पहले हो चुका था।

एक दिन अचानक न जाने कहाँ से वह एक अजगर के छोटे बच्चे को लेकर आ गई और उसे पालने लगी। वह उसे शाकाहारी भोजन देती थी। उसे अजगर के उस बच्चे से इतना लगाव था कि वह उसे अपने पास ही बिस्तर पर सुलाती थी। कुछ माह बाद, एक दिन उसने देखा कि अजगर सीधा लंबा होकर लेटा हुआ है। वह तीन चार दिन से कुछ खा भी नहीं रहा था। यह देखकर वह उसे पशु चिकित्सालय ले गई और उसने डॉक्टर को सब बातें बताई।

डॉक्टर उसकी बात सुनकर चौंका और उसने उसको कहा कि अब यह अजगर छोटा बच्चा नहीं रहा, यह क्रमशः बड़ा होता जा रहा है। अब इसके स्वभाव में परिवर्तन आ रहा है। यह कुछ दिनों से सीधा इसलिए सो रहा है कि यह अपनी लंबाई तुम्हारी लंबाई से नापने का प्रयास कर रहा है। यह तुम्हें अपना भोजन समझ रहा है और तुम्हें निगलना चाहता है। यह कहकर डॉक्टर ने तुरंत वन अधिकारियों को बुलाकर अजगर को उनके हवाले यह कहकर कर दिया कि पता नहीं कहाँ से इस लड़की को प्राप्त हो गया और वह इसे मेरे पास सौंपने को लाई है।

ऐसा कहकर डॉक्टर ने उस लड़की एवं उसके परिवार को अनावश्यक कानूनी पचड़ों से बचा लिया। उसने उसे समझाते हुए कहा, ''वन्य जीवों

से प्रेम करना अच्छी बात है, परंतु उन्हें पालना उतना ही खतरनाक होता है। इसलिए सरकार ने ऐसे कठोर नियम बनाए हैं कि वन के प्राणी वन में ही रहें। अब से इस बात का हमेशा ध्यान रखना और आगे से ऐसी गलती कभी मत करना। यदि तुम यहाँ आने में कुछ दिन की और देरी कर देती तो पता नहीं क्या हादसा हो जाता।"

❑

तवांग

यह कथानक सन् 1962 में भारत और चीन के मध्य युद्ध के समय का है, जो हमारे देश के वीर सैनिकों की कुर्बानी एवं तत्कालीन राजनेताओं की अदूरदर्शिता एवं अपरिपक्वता को दरशाता है। चीन की सेना ने वर्तमान अरुणाचल प्रदेश में तवांग के पास अपनी फौजें तैनात कर दी थीं और रात के समय उन्हें भारतीय सीमा में प्रवेश कराकर भारी गोलाबारी प्रारंभ कर दी। उनकी सेना के पास अत्याधुनिक हथियार थे, उनका संचार-तंत्र इतना मजबूत था कि संपूर्ण अरुणाचल प्रदेश में किस चौकी पर भारत के कितने सैनिक हैं, उनके पास कितने दिन की रसद है एवं उनके पास क्या हथियार हैं, इस सबकी संपूर्ण जानकारी चीन के पास थी।

उन्होंने तवांग की चौकी पर कब्जा करने के पूर्व चेतावनी दी कि आप लोग चौकी खाली कर दें, अन्यथा मारे जाएँगे। कुछ देर तक भारतीय सेना लड़ती रही, परंतु रसद एवं हथियार खत्म होता देखकर एवं चीन की भारी संख्या में सेना को देखकर उस चौकी के इनचार्ज ने सेना को पीछे हटने का आदेश दे दिया, क्योंकि उन्हें हार सुनिश्चित दिख रही थी और परिस्थितियाँ भी उनके अनुकूल नहीं थीं।

इनमें से एक जसवीर सिंह नामक सैनिक ने पीछे हटने से इनकार कर दिया। उसका कहना था कि उसने अपनी माँ को वचन दिया है कि जान भी चली जाए, परंतु पीछे नहीं हटूँगा और वह अकेला चौकी पर डटा रहा तथा चीनी सेना पर अंतिम गोली बची रहने तक फायरिंग करता रहा। अंत में वह अंतिम साँस तक लड़ते हुए शहीद हो गया। उसका मृत शरीर जब उसके गाँव

लाया गया तो उसकी जेब से एक चिट निकली, जिसमें लिखा था कि माँ मैं अपना वचन निभा रहा हूँ। उसकी वीरता एवं शौर्य की कहानी एक स्मारक के रूप में आज भी अंकित है। उसकी माँ ने उसे श्रद्धांजलि देते हुए अपने दूसरे बेटे को भी भारतीय सेना में भेज दिया।

अरुणाचल प्रदेश के चप्पे-चप्पे पर हर भारतीय सैनिक के शहीद होने की दास्तान गूँज रही है। तवांग में सैनिकों के प्रति श्रद्धांजलि के स्वरूप एक स्मारक बना है, जिस पर लिखे हुए शब्द मुझे अंदर तक कचोट गए और मेरा अंतर्मन द्रवित हो गया। मेरे मन में तत्कालीन राजनेताओं के प्रति आक्रोश उबलने लगा। उस स्मारक पर हमारी सेना की हार के पाँच प्रमुख कारण लिखे हुए थे।

पहला—तत्कालीन प्रधानमंत्री जवाहरलाल नेहरू का पंचशील के सिद्धांतों पर बेवजह अड़ा रहना, दूसरा—तत्कालीन विदेशमंत्री की अदूरदर्शिता और चीन की सेना की शक्ति को कम आँकने की अक्षमता, तीसरा—हमारे पास समुचित संचार-तंत्र का न होना, चौथा—हमारे पास अत्याधुनिक हथियारों का अभाव एवं पाँचवाँ—सेना के युद्धाभ्यास की कमी एवं यह सोच कि हमारे ऊपर कोई आक्रमण नहीं करेगा।

❑

दुःखों के उस पार

'जीवन के सपने यदि टूटते हैं तो घबराएँ नहीं, सपनों को टूटने दें और आप पूरी ताकत के साथ उन सपनों को बुनने की कोशिश करें। जीवन में उम्मीद का दामन कभी नहीं छोड़ना चाहिए। विपरीत समय में मुश्किलें और परेशानियाँ तो सभी के जीवन का हिस्सा है, दुःख भी सभी के हिस्से में है, परंतु उसके पार जाना ही सफलता है।'—यह कथन है मध्य प्रदेश विद्युत् मंडल में सेवारत श्रीमती शशिकला सेन का।

वे बताती हैं कि उनका विवाह कम उम्र में ही हो गया था। वे 25 वर्ष की उम्र होने तक 5 बच्चों की माँ बन गई थीं। उनके पति विद्युत् मंडल में कार्यरत थे और एक दिन अचानक ही उनका निधन हो गया। उनका इतनी कम उम्र में पति के न रहने से दो बेटे और तीन बेटियों की परवरिश करना सहज नहीं था। श्रीमती सेन आठवीं तक ही शिक्षित थीं। उन्हें पति के स्थान पर चतुर्थ श्रेणी की नौकरी मिली, जो उन्होंने नहीं करने का निर्णय लिया।

विद्युत् मंडल से जानकारी मिली की ग्यारहवीं पास को ही तृतीय श्रेणी की नौकरी का पद मिल सकता है। शशिकला ने हार नहीं मानी, उन्होंने पहले ग्यारहवीं पास करने का संकल्प लिया और पाँच बच्चों की परवरिश करते हुए कठिन परिस्थितियों में रहते हुए भी ग्यारहवीं तक की पढ़ाई पूरी कर ली। ग्यारहवीं उत्तीर्ण होने के उपरांत उन्होंने अनुकंपा नियुक्ति के लिए आवेदन किया और उन्हें तृतीय श्रेणी की नौकरी मिल गई।

उनका कहना है—उनके जीवन की सबसे बड़ी कमी यही थी कि उनके माता-पिता ने आठवीं पास करने के बाद कच्ची उम्र में ही उनकी शादी कर

दी। यदि वे स्वयं संकल्प नहीं लेतीं तो कभी आगे नहीं पढ़ पातीं और जीवन दूभर हो जाता। उन्होंने अपनी बेटियों को उच्च शिक्षा दिलाई और अपने गाँव के दूसरे बच्चे–बच्चियों को भी उच्च शिक्षा के लिए प्रेरित किया। आज उनके रिश्तेदार, परिचित, सभी के बच्चे उच्च शिक्षित हैं। उन्होंने नाबालिग विवाह की प्रथा को शासन से सहयोग लेकर अपने गाँव में रोका और ऐसे परिवारों को वे आज भी अपना मार्गदर्शन दे रही हैं।

❑

शिक्षा का दान महादान

डॉ. कामना श्रीवास्तव शिक्षाविद् और लेखिका हैं। उन्हें सृजन के गुण विरासत में ही मिले हैं। उनका कहना है कि जीवन में सत्साहित्य अध्ययन-मनन का बहुत प्रभाव पड़ता है और आज वे जो कुछ भी हैं, अपने चिंतन-मनन एवं अध्ययन के कारण हैं।

कामनाजी बताती हैं कि उनके घर के पास एक मध्यमवर्गीय परिवार किराए पर रहता था। उनके एक बेटा और एक बेटी थीं। इस परिवार में एक बार ऐसी स्थिति आ गई कि उन दोनों बच्चों को आर्थिक संकट के कारण आगे की पढ़ाई से वंचित होना पड़ा। एक दिन बातों-बातों में जब यह जानकारी उन्हें मिली तो उन्होंने उस पड़ोसी परिवार को समझाते हुए कहा कि आपके बच्चे होशियार हैं, आप किसी भी तरह उन्हें आगे पढ़ाइए। पड़ोसी ने असमर्थता जताते हुए बताया कि उनकी आर्थिक स्थिति बिल्कुल भी ठीक नहीं हैं और वे किसी भी स्थिति में बच्चों को पढ़ा नहीं पाएँगें। यह सुनकर कामनाजी ने उस परिवार के दोनों बच्चों के स्कूल की फीस, किताबों की खरीद और स्कूल की ड्रेस आदि का स्वयं प्रबंध कर दिया। इस प्रकार किसी तरह एक वर्ष व्यतीत हो गया और दोनों बच्चे भी उत्तीर्ण हो गए।

एक दिन अचानक ही बिना बताए उन्होंने मकान खाली कर दिया। यह जानकर कामनाजी को दुःख हुआ कि वे कैसे लोग हैं, जो बिना बताए, बिना मिले चले गए। इस घटना से कामनाजी का मन व्यथित जरूर हुआ, परंतु बात आई-गई हो गई। इस घटना को बीते चार-पाँच वर्ष हुए होंगे कि एक दिन उनके घर एक युवक मिठाई का डिब्बा लेकर आता है, उसे देखते ही कामना

उसे पहचान जाती हैं। वह कामना के पैर पड़ते हुए कहता है कि आंटी मेरा पी.एम.टी. में चयन हो गया है, आपके सहयोग के कारण ही मेरी पढ़ाई रुकी नहीं और आज मैं मेडिकल कॉलेज में प्रवेश पाकर वहाँ पढ़ाई के लिए जा रहा हूँ। कामना ने अपना आशीर्वाद देते हुए उससे पूछा कि बिना बताए क्यों चले गए थे। उसने सिर झुकाकर रुँधे गले से केवल इतना ही कहा कि कुछ परिस्थितियाँ बताई नहीं जा सकतीं।

कामना ने बताया कि अब वे प्रतिवर्ष निर्धन और असहाय विद्यार्थियों की शिक्षा के लिए प्रयासरत रहती हैं। इससे उन्हें आत्मिक शांति मिलती है। उनका कहना है कि खराब वक्त में किसी की मदद कर दी जाए तो कभी-कभी उसका जीवन ही बदल जाता है।

❑

संकल्प साधना

यदि हमारे मन में लगन, विचारों में सकारात्मक सोच हो तो विपरीत परिस्थितियों को भी हम सुधार सकते हैं और ऐसी परिस्थिति में भी अपने व्यक्तित्व को निखारने की क्षमता रख सकते हैं। जीवन में कठिन परिश्रम करने का उत्साह एवं लगन हो तो जीवन सफल हो जाता है। शिक्षाविद् कवयित्री एवं आकाशवाणी की ख्यातिलब्ध बुंदेली उद्घोषिका श्रीमती प्रभा विश्वकर्मा 'शील' ने अपनी लगन एवं क्षमता से जो सफलता अर्जित की है, वह प्रेरक है।

प्रभा के विश्वकर्मा बुंदेलखंड की निवासी होने के कारण उनकी बोलचाल में बुंदेली भाषा का प्रभाव रहता है। बुंदेली भाषा हिंदी भाषा से अलग है, उसमें इते, उते जैसे ग्रामीण शब्दों का बहुत प्रयोग होता है। वे जब स्कूल में पढ़ती थीं तो उसे बुंदेली बोलने के कारण मजाक का भी सामना करना पड़ा। प्रभा को बहुत बुरा भी लगता था, किंतु उसकी जुबान में जन्मजात बुंदेलीपन होने के कारण उसे हटाना मुश्किल था।

शनैः शनैः उन्होंने हिंदी भाषा का गहन अध्ययन किया, परंतु बुंदेली भाषा के प्रति असीम लगाव होने के कारण उन्होंने बुंदेली भाषा के प्रेम को छोड़ा नहीं। हिंदी के साथ-साथ बुंदेली को भी अपनाते हुए साहित्य के विद्वानों की कृतियों का अध्ययन किया। अब उनका चयन बुंदेली भाषा के गहन अध्ययन एवं स्पष्ट बोलचाल के कारण आकाशवाणी के बुंदेली कार्यक्रम की उद्घोषिका के रूप में हो गया। आज प्रभा आकाशवाणी के गम्मत कार्यक्रम की चर्चित उद्घोषिका हैं।

उन्होंने बताया कि बचपन में उनकी बुंदेली भाषा के कारण उन्हें चिढ़ाया जाता था, तभी से उन्होंने संकल्प ले लिया था कि वे अपने क्षेत्र की मातृभाषा में ही आगे बढ़ेंगी, जिसका परिणाम यह हुआ कि वे आज बुंदेली बोलने के कारण ही प्रतिष्ठित हुईं हैं। वे कहती हैं कि हमें अपनी मातृभाषा के प्रति सम्मान एवं गौरव रखना चाहिए। यदि व्यक्ति ठान ले तो वह किसी भी क्षेत्र में सफल हो सकता है। प्रभा ने अपने संकल्प के कारण अपनी मातृभाषा बुंदेली के लिए संघर्ष किया और वे इसमें सफल रहीं।

❑

दृढ संकल्प

श्री सुनील गर्ग शहर के एक सुप्रसिद्ध व्यक्ति हैं। उनका कंस्ट्रक्शन का व्यवसाय है एवं वे नालंदा पब्लिक स्कूल के डायेक्टर हैं। सुनील गर्ग संयुक्त परिवार के मूल्यों में विश्वास रखते हैं एवं वर्तमान में अपने भाइयों के साथ संयुक्त परिवार में रहते हैं। गर्गजी भारतीय संस्कृति और आयुर्वेद में भी काफी रुचि रखते हैं एवं लोगों को उचित आयुर्वेदिक परामर्श देकर उनकी स्वास्थ्य समस्याओं का काफी हद तक निवारण भी करते हैं। उन्होंने बताया कि आयुर्वेद के प्रति इतनी गहरी रुचि का कारण उनकी माँ हैं।

उन्होंने बताया कि एक बार उनकी माताजी को हार्ट अटैक हुआ, उन्हें जबलपुर मार्बल सिटी हास्पिटल में 7 दिनों तक भरती रखा, परंतु स्थिति में सुधार होता न देखकर डॉक्टरों ने उन्हें बाइपास सर्जरी हेतु दिल्ली रैफर कर दिया। उनकी हालत अत्यधिक नाजुक थी। दिल्ली पहुँचने पर वहाँ के एस्कॉर्ट हास्पिटल में भरती किया गया एवं सारे टेस्ट होने के बाद डॉक्टर ने कहा कि आपकी माताजी की बाइपास सर्जरी नहीं हो सकती, क्योंकि उनका हार्ट सिर्फ 18 प्रतिशत ही कार्यशील था। वहाँ के डॉक्टर ने कहा कि बाइपास सर्जरी करवाने से कोई फायदा नहीं होगा, आप जबलपुर ले जाकर इनकी सेवा करें और भगवान् पर भरोसा रखें।

उस दिन गर्गजी ने अपने मन में ठान लिया कि चाहे कुछ भी हो जाए, मुझे अपनी माताजी को स्वस्थ करना है। उसके बाद उन्होंने कई आयुर्वेदिक ग्रंथों एवं अन्य कई स्वास्थ्य पद्धतियों का गहन अध्ययन किया एवं कुछ नुस्खों का प्रयोग उन्होंने माताजी पर किया। कुछ समय लगातार आयुर्वेदिक

औषधि–सेवन से उनके स्वास्थ्य में अभूतपूर्व अंतर नजर आने लगा एवं वे पहले की तरह काफी हद तक स्वस्थ हो चुकी थीं।

उनके इस प्रयोग से उनकी माताजी को नवजीवन प्राप्त हुआ था। इसके बाद उन्होंने और भी कई परिचित और रिश्तेदारों को भी अपना परामर्श दिया, जिससे वे लोग भी स्वास्थ्य लाभ लेने लगे। गर्गजी अपने इस सेवाकार्य को बिल्कुल निःशुल्क रखते हैं। उनका कहना है कि यदि व्यक्ति मन में दृढ संकल्प करके कार्य में लग जाए तो कोई भी चीज दुनिया में असंभव नहीं है।

❑

जीवन का वह मोड़

सुप्रसिद्ध दंत चिकित्सक डॉ. राजेश धीरावाणी का मानना है कि जीवन में अनेक बार इनसान की जिंदगी में ऐसे मोड़ आते हैं, जब उसे अपने विवेक के अनुसार निर्णय लेना होता है। उसके मन में कई विचार उठते हैं और उनके समाधान के लिए उसे अपने मित्रों, बुजुर्गों एवं अनुभवी लोगों से सलाह-मशविरा करने के बाद भी कोई निर्णय लेने में संशय बना रहता है।

मुंबई के प्रतिष्ठित महाविद्यालय से दंत चिकित्सा में स्नातकोत्तर परीक्षा सर्वाधिक अंकों से उत्तीर्ण करने के उपरांत उन्हें उसी विभाग में व्याख्याता के पद पर नियुक्ति मिल गई। एक वर्ष के उपरांत उन्हें जसलोक हॉस्पिटल में जूनियर कंसल्टेंट के रूप में मैक्सीलोफेशियल सर्जरी विभाग में वरिष्ठ सर्जनों के सान्निध्य में कार्य करने का सौभाग्य प्राप्त हुआ। वहाँ कार्य करते हुए कुछ माह ही बीते थे, तभी उनको एम.डी.एस. की परीक्षा में अव्वल आने की वजह से मियामी विश्वविद्यालय, अमरीका ने अपनी फैलोशिप के लिए आमंत्रित किया, जिसे उन्होंने सहर्ष स्वीकार कर लिया। जसलोक हॉस्पिटल ने उन्हें दो वर्ष के लिए अमरीका जाने की अनुमति दे दी, परंतु शर्त यह रखी कि वापस लौटने पर उन्हें उसी हॉस्पिटल में सीनियर कंसलटेंट के पद पर कार्य करना होगा। वहाँ से वापस आने के उपरांत उन्होंने पुन: जसलोक हॉस्पिटल में सीनियर कंसलटेंट के रूप में कार्य करना प्रारंभ कर दिया। वहाँ कार्य करते हुए उन्हें समृद्धि, प्रतिष्ठा के साथ-साथ कार्य से संतुष्टि भी मिल रही थी। उनकी इन सफलताओं से उनके माता-पिता, भाई-बहन, मित्र, रिश्तेदार और शुभचिंतक, सभी खुश होकर गर्व का अनुभव करते थे।

उनके जीवन में अहम मोड़ तब आया, जब वे अवकाश पर अपने गृहनगर जबलपुर आए। उनके परिवार के करीबी, हितैषी, जाने-माने पत्रकार और शिक्षाविद् एवं डॉ. धीरावाणी के प्रेरणास्रोत श्री रामेश्वर प्रसाद गुरु ने उनसे आग्रह किया कि उच्च शिक्षा एवं अनुभव प्राप्त करने के उपरांत तुम जिस मिट्टी में पले-बढ़े हो, उसे न भूलकर यहाँ की पीड़ित मानवता की सेवा के लिए वापस आना चाहिए। उन्होंने कहा कि इनसान में अगर काबिलीयत हो तो अपना कार्यक्षेत्र कहीं भी बनाकर सफल हो सकता है। तुम्हें इस क्षेत्र की जनता की सेवा का बीड़ा उठाना चाहिए और साथ ही अपने माता-पिता के सान्निध्य एवं उनकी सेवा करने का सौभाग्य भी नहीं गँवाना चाहिए। उनके माता-पिता की भी यही इच्छा थी। उन्होंने कई प्रेरणास्पद बातें कहीं, जिनका गहरा असर उनके अंतर्मन पर हुआ। अवकाश के दौरान वे काफी विचलित रहे एवं लगातार चिंतन करते रहे कि यहाँ उनका क्या भविष्य होगा, जबकि वहाँ मुंबई में वे पूरी तरह स्थापित हो चुके थे। उन्हें विचलित देख उनकी माताजी ने कहा कि तुम्हें जो उचित लगे, वह करो। उनके मन में अनेक विचार आते रहे, परंतु अंततः जबलपुर की माटी के कर्ज को चुकाने के कर्तव्य एवं माता-पिता के प्रति स्नेह और उनकी खुशी के आगे उनके अंतर्द्वंद की हार हुई तथा उन्होंने जबलपुर को अपना कार्यक्षेत्र बनाने का निर्णय ले लिया।

जब यहाँ उन्होंने प्रैक्टिस आरंभ की तो ईश्वर कृपा से उन्हें जरा भी संघर्ष नहीं करना पड़ा। समय के साथ जबलपुर एवं आसपास के क्षेत्रों के लोगों में उनके प्रति असीम विश्वास एवं श्रद्धा के भाव पैदा हो गए। काम के प्रति ईमानदारी, निष्ठा, समर्पण भाव की वजह से उनकी प्रसिद्धि काफी दूर-दूर तक फैल गई। कुछ समय पश्चात् उन्होंने एक हॉस्पिटल की स्थापना की, जो इस क्षेत्र के लोगों के लिए महत्त्वपूर्ण चिकित्सा संस्थान बना, जिसकी उन्होंने स्वप्न में भी कल्पना नहीं की थी। साल-दर-साल इसमें आधुनिक चिकित्सा विद्याएँ जुड़ती गईं और यह हॉस्पिटल जबलपुर की एक पहचान बन गया।

वे कहते हैं कि यदि वे मुंबई को ही अपना कार्यक्षेत्र बनाते तो शायद धन और स्वयं के लिए नाम कमाते, परंतु पीड़ित मानवता की विभिन्न प्रकल्पों के माध्यम से जो सेवा का मौका मिला, उससे वंचित रहना पड़ता। वे कहते

है कि बुजुर्गों के अनुभव एवं उनकी सलाह हर नौजवान व्यक्ति को मानकर अपने जीवन को सफल बनाने की दिशा में आगे बढ़ना चाहिए। व्यक्ति का प्रारब्ध निश्चित होता है, परंतु सत्कर्म करने से इनसान अपनी किस्मत को बदल सकता है। ईमानदारी, उचित सलाह, सत्कर्म, कार्य के प्रति समर्पण एवं चिकित्सक की हमेशा मरीजों के लिए उपलब्धता सफलता के मंत्र हैं, जिसे हर चिकित्सक को आत्मसात् करना चाहिए।

❑

वे शब्द

डॉ. श्रीमती वर्षा संघी जो अंग्रेजी में पी.एच–डी. हैं, का कथन है कि वे अपनी माँ से बहुत प्रभावित हैं और वे ही उनकी प्रेरणास्त्रोत रही हैं। उन्हें अपनी माँ के वचन अभी भी स्मृति में हैं कि मानव जीवन की सार्थकता तभी है, जब वह अपने जीवन में कुछ ऐसा करे जिससे उसके स्वयं के चरित्र में निखार आ सके और अपने द्वारा समाज को भी सकारात्मक सृजन दे सके।

वे कहती हैं कि कई वर्ष पूर्व उनके जीवन में ऐसी घटना घटी, जिससे उनके जीवन की दिशा बदल गई। उनकी माँ कहती थी कि स्वाभिमान और आत्मसम्मान के साथ कभी भी समझौता मत करना। उन्होंने अपने साथ घटी एक घटना के विषय में बताया कि उनके एक निकट के रिश्तेदार दूसरे शहर में रहते थे, उनके पास से कुछ जरूरी दस्तावेज लाने थे, इसलिए उनकी माँ उन्हें और उनके साथ उनकी छोटी बहन को वहाँ भेजा।

उस वक्त हम जीवन के उस काल में प्रवेश कर चुके थे, जहाँ मन स्वयं ही बहुत तीव्र गति से बातें व वातावरण को समझ लेता है और यदि मन संवदेनशील होता है तो उसे तनिक सी चोट से भी गहरे आघात जैसा अनुभव होता है। ऐसा ही अनुभव उन्हें उनके रिश्तेदार के यहाँ हुआ। वे चाय की चुस्कियों के साथ अपने रिश्तेदार से बातें कर रही थीं, तभी टेबल पर पड़ा अंग्रेजी समाचार–पत्र उन्होंने पढ़ा एवं एक वाक्य जोर से बोलने लगीं, उनकी बात समाप्त होने के पूर्व ही उनके रिश्तेदार ने उन्हें टोक दिया और रूखेपन से कहा कि तुम यह नहीं पढ़ पाओगी तथा इस वाक्य का भावार्थ उनकी बेटी स्कूल से आने के बाद बता देगी।

उन्हें यह सुनकर गहरा धक्का लगा कि उनके रिश्तेदार उन्हें अंग्रेजी में इतना कमजोर समझते हैं, जबकि उन्हें मालूम है कि वे बचपन से ही अंग्रेजी माध्यम से ही शिक्षित हैं। इससे उनके आत्मसम्मान को बड़ी गहरी ठेस पहुँची और वे अपना कार्य समाप्त करके तुरंत ही वहाँ से लौट गई। रास्ते में उन्होंने निर्णय लिया कि वे अंग्रेजी में एम.ए. करेंगी। उन्होंने आगे ऐसा ही किया और अंग्रेजी में पी.एच-डी. की उपाधि प्राप्त करके अग्रेंजी की प्रोफेसर हो गईं।

वे कहती हैं कि वे अपने रिश्तेदार के कटाक्ष के कारण ही आज इस पद पर पहुँची हैं। वे आज की आधुनिक युग की पीढ़ी को अंग्रेजी के अध्ययन के साथ-साथ नैतिक मूल्यों की भी शिक्षा दे रही हैं। उनका मानना है कि क्या पता कौन सी अच्छी बात विद्यार्थियों के लिए जीवनोपयोगी प्रेरणा बन जाए।

❑

जीवन का सच

वरिष्ठ कवयित्री तथा लेखिका 'मध्य प्रदेश लेखिका संघ' की अध्यक्ष श्रीमती अर्चना मलैया ने भावनात्मक होते हुए एक घटना के विषय में बताया। यह बात उस समय की है, जब वे बी.ए. अंतिम वर्ष की छात्रा थीं, उन्होंने अपनी कक्षा में प्रवेश ही किया था कि पता चला कि हिंदी साहित्य की व्याख्याता के एकमात्र भतीजे की दो दिन पूर्व नदी में डूब जाने से अकाल मृत्यु हो गई। हम सभी मन से दुःखी हो गए थे। हमने देखा कि वे व्याख्याता मैडम प्रतिदिन की तरह कक्षा में पढ़ाने हेतु आ रही थी। हम आश्चर्य में डूबे हुए अपनी-अपनी सीटों पर बैठ गए। उन दिनों कक्षा में श्री सुमित्रानंदन पंतजी की परिवर्तन कविता पर व्याख्यान चल रही थी। मैडम ने गंभीर आवाज में कविता पाठ प्रारंभ किया—

खोलता इधर जन्म लोचन,
मूँदती उधर मृत्यु क्षण-क्षण''॥

इसकी दो पंक्तियाँ भी पूरी नहीं हो पाई थीं कि उनका कंठ अवरुद्ध हो गया। हम लोगों ने सांत्वना भरे स्वर में उनसे निवेदन किया कि मैडम, कृपया आज मत पढ़ाइए। हम सभी आप के इस दुःख में सहभागी हैं। वे स्वयं को सँभालने एवं संयत करने का प्रयास कर रही थी, परंतु अचानक उनकी आँखों से वेदना के आँसू टपकने लगे। कक्षा लगभग समाप्ति की ओर थी और अर्चना मलैया ने किताबों को एक ओर खिसकाकर दोनों हाथों से अपना सिर थाम लिया और संवेदनाओं के उस प्रचंड ज्वार में स्थिर नहीं रह पाईं, तभी घंटी बजी, कक्षा समाप्त हुई और सभी मैडम को वहाँ अकेला छोड़ एक साथ बाहर निकल आए।

वे जब भी इस घटना को याद करती हैं तो उनके मन में यह विचार आता है कि वे इस घटना में मर्माहत मैडम को अकेले छोड़कर सबके साथ कक्षा से बाहर क्यों आ गईं। उन्हें उनके दु:ख में सहभागी बनना था और सांत्वना देकर उनके दु:ख को कम करने का प्रयास करना चाहिए था, वे यह भी सोचती हैं कि जीवन में हमें सद्कार्य निरंतर करते रहना चाहिए, जिससे जीवन सफल हो सके, क्योंकि मृत्यु सुनिश्चित है, परंतु कब, यह कोई नहीं जानता।

❑

बिटिया से बनी पहचान

एलायंस क्लब इंटरनेशनल की जबलपुर मिड टाउन शाखा के पूर्व अध्यक्ष नवनीत राठौर एवं सचिव श्रीमती वर्षा राठौर का कथन है कि उनके जीवन में वह सर्वाधिक प्रसन्नता का दिन था, जब उन्हें कन्यारत्न के रूप में वंशिका की प्राप्ति हुई। उनके मन में मनोकामना थी कि एक दिन बड़ी होकर यह इतना नाम कमाए कि उसके नाम से उनका नाम जाना जाए।

वे कहते हैं कि जब वह तीसरी कक्षा में ही थी तो उसका रुझान चित्रकला की तरफ हो गया था। वह अपनी पेंसिल से कागज पर चित्रकारी करती रहती थी, हम दोनों ने उसे प्रेरणा देने एवं इस कला में आगे बढ़ने में कोई कमी नहीं रहने दी। वह धीरे-धीरे बड़ी होती गई और पेंसिल का स्थान ब्रश ने ले लिया और रंगों का उपयोग वह अपने मन से स्वमेव करने लगी। अब धीरे-धीरे उसका हाथ सध गया और विभिन्न प्रतियोगिताओं में सफलता अर्जित करना प्रारंभ हो गया। इतनी कम उम्र में ही उसकी चित्रकारी में परिपक्वता नजर आने लगी। वंशिका के कक्षा दसवीं में आने तक उसकी एकल चित्रकला प्रदर्शनी का आयोजन होने लगा और साथ-ही-साथ साहित्यिक कृतियों के मुखपृष्ठ भी उसके द्वारा बनाए जाने लगे। आज राठौर दंपती को लोग उनकी बेटी वंशिका के नाम से जानते हैं।

उनका मानना है कि बेटे और बेटी दोनों ही अपने परिवार का नाम रोशन कर सकते हैं। आज के युग में संकीर्ण मानसिकता से ऊपर उठकर पुत्री के विकास पर भी उतना ही ध्यान व योगदान देना चाहिए, जितना पुत्र के लिए देते हैं। लड़कियों में भी विलक्षण प्रतिभा होती है, आवश्यकता है कि उनकी प्रतिभाओं को बिना किसी भेदभाव के उभारने का अवसर प्रदान किया जाए।

❑

आत्मीयता

सुप्रसिद्ध साहित्यिक रचनाकार डॉ. श्रीमती तनुजा चौधरी, जो शासकीय विज्ञान महाविद्यालय में हिंदी विभाग की विभागाध्यक्ष के साथ-साथ व्याख्याता भी हैं, वे मानवीय अनुभूति के संबंध में कई साल पहले हुई एक घटना का स्मरण करके भाव विभोर हो गईं। वे बताती हैं कि किसी साहित्यिक संबंध में सुप्रसिद्ध कथा लेखिका मन्नू भंडारीजी से दिल्ली में मुलाकात हुई, वह उनके द्वारा निर्धारित समय पर उनके निवास स्थान पर पहुँच गईं, परंतु रास्ते में दिल्ली की ठंड से वे एवं उनकी पुत्री ठिठुर रहे थे।

उस दिन ठंड इतनी ज्यादा थी कि दिन में भी गहरा कोहरा छाया हुआ था और तापमान भी बहुत कम था। उन्हें उनकी गलती का अहसास हो रहा था कि ऐसे मौसम में मोजे और दस्तानों का उपयोग करना चाहिए था। मन्नूजी के घर पहुँचने पर उनकी सेविका ने उनके व्यवस्थित एवं अभिजात्य दिखनेवाली बैठक खाने में बिठाया। थोड़ी देर बाद मन्नूजी आईं और अत्यंत आत्मीयता से मिलीं। तनुजाजी की बेटी ठंड के कारण हाथ-पर-हाथ रखकर शॉल के अंदर बैठी हुई थी।

यह देखकर वे उसका हाथ अपने हाथ से बाहर निकालकर बोली कि तुम्हारा हाथ तो बहुत ठंडा है और तुम काँप भी रही हो, ऐसे में बीमार पड़ जाओगी। वे उन दोनो को लेकर अपने बेडरूम में चली गईं और सेविका से कहकर एक हीटर मँगवाया तथा बच्ची का हाथ अपने हाथ में रखकर हीटर के पास बैठ गईं एवं बहुत स्नेहपूर्वक आत्मीयता से उसके हाथ को रगड़कर उष्मा प्रदान करने लगीं। तनुजाजी बताती हैं कि दोनों के बीच

पारिवारिक एवं साहित्यिक चर्चाएँ समाप्त होने के बाद वे वहाँ से अपने घर रवाना हो गईं।

वे रास्ते भर मन्नू भंडारीजी के आत्मीयता से परिपूर्ण व्यवहार के प्रति बहुत आभार महसूस कर रही थीं और मन में सोच रही थीं कि देश की विख्यात लेखिका कितनी सरल, मिलनसार एवं करुणामयी है, जिन्होंने स्वयं पूरे समय तक बेटी का हाथ अपने हाथों में थामकर रखा। ऐसी आत्मीयता और सद्भाव बिरले ही लोगों में देखने को मिलता है।

❑

आत्मविश्वास से सफलता

श्रीमती शिवाली अग्रवाल, जो एक महिला उद्यमी हैं, 4 सीजंस नामक बेकरी की मालिक हैं। उन्हें बचपन से ही जब वे स्कूल में पढ़ती थीं, तरह-तरह के व्यंजन बनाने, पत्र-पत्रिकाओं के माध्यम से नई-नई चीजें सीखने एवं रसोई घर में नए-नए प्रयोग करने में बहुत आनंद आता था। उनके विवाह के पश्चात् भी उनकी रुचि व्यंजन के क्षेत्र में बनी रही, इसी तारतम्य में वे अपने परिचित लोगों के बीच नए-नए व्यंजन बनाकर उनकी राय जानने का प्रयास करने लगी।

उनके व्यंजन सभी के द्वारा बहुत पसंद किए गए और यहीं से प्रेरित होकर उनके मन में इसे व्यावसायिक रूप देने का विचार आया। ससुरालवालों के प्रोत्साहन से उनका आत्मविश्वास और बढ़ गया तथा उन्होंने इसे व्यावसायिक रूप देने का निर्णय ले लिया। सन् 2000 में अपनी स्वयं की मेहनत, लगन, परिश्रम एवं परिवारजनों के सहयोग से '4 सीजंस' नाम की बेकरी की शुरुआत की। वे कहती हैं कि उनके यहाँ कार्यरत कर्मचारियों का कार्य के प्रति समर्पित सेवाभाव, दक्षता व अनुशासित वातावरण ने उनकी बेकरी के उत्पादन को शहर की अग्रणी पंक्ति में ला दिया है।

उनका मानना है कि किसी भी उत्पाद में गुणवत्ता बहुत महत्त्वपूर्ण होती है एवं इसी से ग्राहकों के बीच विश्वसनीयता बनती है। उनका कहना है कि स्वतंत्र व्यक्तित्व, कड़ी मेहनत और कार्य करने का जुनून, ये तीनों उनकी सफलता के मूल मंत्र हैं। वे प्रतिदिन अपने अनुभवों के आधार पर बेहतर से बेहतर कार्य करने की कोशिश करती हैं, क्योंकि उनका मानना है कि सफलता का कोई अंत नहीं होता है।

❑

महिलाएँ आत्मनिर्भर बनें

श्रीमती अर्चना भटनागर एक जीवट, संघर्षशील व सफल महिला उद्यमी हैं। वे 'हेलाइड केमिकल' की मैनेजिंग डायरेक्टर एवं 'मध्य प्रदेश एसोसिएशन ऑफ वूमन एंटरप्रेन्यर्स' (मावे) की अध्यक्ष हैं। वे कहती हैं कि जीवन में असफल होना ही सफलता की बुनियाद है। उन्होंने केमिस्ट्री में मुंबई विश्वविद्यालय से शिक्षा प्राप्त की, जिससे उन्हें उद्यमिता में बहुत सहायता मिली। पी.एम.टी. में उत्तीर्ण होने के बाद भी उन्होंने मेडिकल कॉलेज की पढ़ाई न करके उद्योग की दिशा में चिंतन करना प्रारंभ किया।

उनका विवाह 20 वर्ष की आयु में ही संपन्न हो गया था एवं उनके पति ने उनको आश्वस्त किया था कि विवाह जीवन का अंत नहीं है, यह एक नए जीवन का प्रारंभ है एवं वे पुरुष और महिला में समानता की भावना रखते हैं। श्रीमती भटनागर ने अपने पति से धीरे-धीरे व्यापार करने के गुर सीखे और उनसे प्रोत्साहित होकर अपने स्वयं का उद्योग स्थापित करने की दिशा में कदम बढ़ाया। जब उन्होंने बैंक से कर्ज हेतु संपर्क किया तो वे आश्चर्यचकित हो गईं कि उन्हें बैंक लोन हेतु एड़ी-चोटी का जोर लगाना पड़ा। उन्होंने अपने कठिन परिश्रम, ईमानदारी एवं गुणवत्ता के कारण अपने व्यापार में सफलता पाकर दिन दूनी, रात चौगुनी प्रगति की। वे ऑफसेट प्रिंटिंग प्रेस में लगनेवाले केमिकल का उत्पादन करती थीं।

एक दिन उन्होंने निर्णय लिया कि वे अपने अनुभव को महिलाओं के बीच बाँटकर उन्हें उद्यमिता के क्षेत्र में आगे बढ़ाएँगी और इस उद्देश्य की पूर्ति के लिए उन्होंने मावे नामक संस्था का गठन किया। इस संस्था

के माध्यम से उद्यमिता में रुचि रखनेवाली महिलाओं को उनके उत्पादन हेतु तकनीकी जानकारी एवं उनके उत्पाद की बिक्री हेतु समुचित सहयोग प्रदान किया जाता है। इस संस्था का उद्देश्य है कि महिलाएँ स्वावलंबी एवं आत्मनिर्भर बनें।

❑

नेत्रहीन की दृष्टि

मध्य प्रदेश की निवासी श्रीमती निधि नित्या को जनवरी 2016 में महिला एवं बाल विकास मंत्रालय द्वारा आयोजित कार्यक्रम 100 वीमेन अचीवर्स अवार्ड से माननीय राष्ट्रपतिजी के द्वारा सम्मानित किया गया था। वे अंतरराष्ट्रीय स्तर की लेखिका के रूप में जानी जाती हैं। उन्होंने एक हृदयस्पर्शी प्रेरणादायक घटना के विषय में बताया।

वे बताती हैं कि उनकी सोनाली से मुलाकात नई दिल्ली के होटल सम्राट् में हुई, जहाँ उन सभी 100 वीमेन अचीवर्स के रुकने की व्यवस्था की गई थी। सोनाली बहुत शांत और खामोश थी। पहले उनकी समझ में नहीं आया कि उस बेहद खूबसूरत आवाज के पीछे कितना दर्द छिपा हुआ है। सोनाली हर तरह की चर्चा में बराबर भाग ले रही थी। कुरसी पर बैठी वह बेहद लग रही थीं। टेबल पर लग चुके भोजन कि तरफ जब वे साथ आए व्यक्ति का हाथ पकड़कर बढ़ी, तब समझ आया की उन्होंने काला चश्मा दरअसल ज्योतिविहीन आँखों को छुपा लेने के लिए लगाया है। उनके साथ आए सज्जन उनके पति थे। निधि नित्या का मन नहीं माना और वे जा पहुँचीं उनके पास, ये जानने के लिए कि उन्होंने अपने चेहरे को दुपट्टे से क्यों ढाँप रखा है। सोनाली ने बिना किसी झिझक के अपनी आप-बीती उन्हें सुनाई। उसे सुनकर उनके होश फाख्ता हो गए।

निधिजी ने बताया कि सोनाली झारखंड की रहनेवाली थी। ज्यादातर उनके 'एसिड विक्टिम 2003' के नाम से जाना जाता है। ये नाम उन्हें उस वक्त मिला, जब सोनाली महज 17 साल की थी। बेहद खूबसूरत और प्रतिभाशाली

सोनाली स्कूल, कॉलेज में अपनी रचनात्मक गतिविधियों के लिए जानी जाती थी। वे एन.सी.सी. की बटालियन कमांडर थीं और रायफल से सटीक निशाने लगाती थीं। देशभक्ति का जज्बा और समाज के लिए कुछ कर गुजरने का जुनून उनके अंदर था। सोनाली जब यूनिफॉर्म पहनकर मोहल्ले में निकलतीं तो मनचले लड़के बस देखते रह जाते। वे बार-बार सोनाली से दोस्ती करने की कोशिशें करते और सोनाली उनको डपटकर भगा देती। जब लड़कों की छेड़छाड़ बहुत अधिक बढ़ने लगी तो सोनाली ने यह बात अपने पिता को बताई। सोनाली के पिता ने तीनों मनचले लड़कों को जमकर डाँट लगाई। एक दिन सोनाली अपने परिवार के साथ छत पर सो रही थी कि अचानक इन लड़कों ने आकर उसके ऊपर तेजाब डाल दिया। सोनाली का सारा शरीर जलने लगा। पिता किसी तरह स्कूटर पर बैठाकर उसे अस्पताल ले गए।

सुबह होने तक सोनाली की सारी दुनिया अँधेरे में डूब गई। एसिड से उसकी आँखों की रोशनी हमेशा के लिए चली गई। चेहरा बुरी तरह बिगड़ गया। बिना सहारे के सोनाली चल भी नहीं पाती थी। इतना सब होने के बाद भी मनचले सोनाली और उनके परिवार को धमकाते रहे। सोनाली ने खुद को सँभाला और कोर्ट में पुकार लगाई कि या तो अपराधियों को सजा दी जाए या उसे मृत्यु दी जाए। दोषियों को 9 साल की सजा सुनाई गई।

सोनाली के लिए उसका अंधापन बहुत बड़ी समस्या थी, क्योंकि जो जन्म से नेत्रहीन होते हैं, उनको एक आभासी शक्ति जन्म से प्राप्त होती है, पर सोनाली ने अपनी आँखों से दुनिया देखी थी, इसलिए उनके लिए बिना आँखों के चलना-फिरना अधिक कठिन था। लोग उनसे दूर भागते, उनके चेहरे से घृणा करते, उनका तिरस्कार करते, लेकिन उन्होंने हिम्मत नहीं हारी और ब्रेल लिपि को सीखकर आगे की पढ़ाई जारी रखी। नेत्रहीनों के लिए बने सॉफ्टवेयर की मदद से उन्होंने कंप्यूटर पर काम करना सीखा।

कई पीड़ादायक फेस सर्जरी से गुजरने के बाद आज भी उनका इलाज जारी है। इतने पर भी सोनाली कहती हैं कि मुझे समाज और सरकार से कोई शिकायत नहीं है। सोनाली ने समाज में सोशल विक्टम्स के लिए काम करना शुरू किया। उन्होंने एसिड अटैक विक्टिम्स को मोटिवेट करना शुरू किया।

उन्हें नारी–शक्ति व अदम्य साहस के पुरस्कार प्राप्त हुए। अभी तक सोनाली 1000 से अधिक नेत्रहीनों और समाज द्वारा पीड़ितों को स्थापित कर चुकी हैं। आज सोनाली दो राष्ट्रीय एन.जी.ओ. की ब्रांड एंबेस्डर हैं, मोटिवेटर हैं और सोसाइटी विक्टिम्स के लिए रोल मॉडल हैं। उनका मिशन नेत्रहीन लड़कियों के लिए रोजगार और साधन उपलब्ध कराना है। आज उनसे प्रेरणा पाकर कुछ नेत्रहीन लड़कियाँ बैंक पी.ओ., टीचर हैं और कुछ नेत्रहीन लड़कियाँ प्राइवेट कंपनियों में जॉब कर रही हैं। सोनाली स्वयं झारखंड में शासकीय संस्थान में कार्यरत हैं। 2015 में पेशे से सॉफ्टवेयर इंजीनियर चितरंजन तिवारी ने उनसे शादी की। सोनाली को उनके कार्यों के लिए राष्ट्रीय पुरस्कार प्राप्त हुए और 2016 में भारत की प्रथम 100 महिलाओं के साथ राष्ट्रपति द्वारा सम्मानित हुईं।

सोनाली के साथ राष्ट्रपति भवन में माननीय राष्ट्रपति के साथ भोजन करते हुए निधि नित्या ईश्वर को धन्यवाद कर रही थी कि भारत की प्रथम 100 महिलाओं में चुना जाना, उस दिन उन्हे सार्थक लगा, जब सोनाली जैसी जीवट महिला से उन्होंने जीवन का सबक सीखा। समाज सुंदरता के पीछे भागता है, परंतु सोनाली सुंदरता के सारे मापदंडों को तोड़ते हुए इनसानियत का चेहरा समाज को दिखाती हैं।

❑

आत्मनिर्भरता

विकास ग्रुप ऑफ इंडस्ट्रीज के मैनेजिंग डायरेक्टर सुबोध कुमार जैन कहते हैं कि प्रेरणा के स्रोत अनंत हैं और ये चारों ओर उपलब्ध हैं। कभी-कभी छोटी-छोटी घटनाएँ भी हमारे जीवन की प्रेरणास्रोत बनती हैं। वे एक बार अमरीका की यात्रा के दौरान तीन दिन तक अपने एक मित्र के निवास स्थान न्यूजर्सी में उनके साथ रहे।

वे यह देखकर बहुत प्रसन्न हुए कि उनके मित्र, उनकी धर्मपत्नी, पुत्र 16 एवं पुत्री 21 वर्ष एक साथ भारतीय संस्कृति के अनुरूप रहते थे। उनके यहाँ तीन दिन रहने के पश्चात्, जब उनसे विदा होने का समय आ गया तो वे विशेष रूप से उनकी पुत्री से बोले कि आपके यहाँ ऐसा महसूस ही नहीं हुआ कि हम भारत के बाहर विदेश में हैं। उसने जवाब दिया कि अंकल क्षमा करें, आप मेरे घर पर नहीं, मेरे मम्मी-पापा के घर पर आए हैं। अगली बार आप मेरे पास न्यूयॉर्क आकर रहेंगे तो आपको और भी अच्छा लगेगा।

यहाँ ध्यान देने की बात यह है कि उन्हें इस बात का अहसास हुआ कि उस लड़की ने केवल 21 वर्ष की उम्र में ही काम करना शुरू कर अपने स्वतंत्र विचारों को अपनाकर अपनी कार्यक्षमता पर आत्मविश्वास दिखाया। इससे हमें यह प्रेरणा मिलती हैं कि हमें अपनी कार्यक्षमता पर विश्वास रखकर, जीवन में आगे बढ़कर स्वावलंबी बनना चाहिए। इसी में जीवन का पूर्ण आनंद हैं। वे अंत में यही कहते हैं कि आत्मनिर्भरता को अपनाएँ और अपने जीवन को सफल बनाएँ।

❑

वर्तमान में जिएँ

श्रीमती श्वेता सिंह, चेयरमेन उद्योग एवं सहकारिता समिति, जिला पंचायत जबलपुर का कथन है कि उनका बचपन, उनके पिताजी के भारतीय सेना में कार्यरत होने के कारण बहुत ही अनुशासित एवं सीमित दायरे में था। उनकी स्कूली शिक्षा आर्मी कैंपस में ही हुई। स्कूली शिक्षा पूरी होने के उपरांत उन्होंने कॉलेज जाना प्रारंभ कर दिया। वहाँ के वातावरण से उन्होंने महसूस किया कि सिविल और सेना की सोच में बहुत अंतर है। सेना में जहाँ देश के लिए समर्पण और देशभक्ति की भावना कूट-कूटकर भरी हुई है, वहीं सिविल आबादी सेना की विचारधारा से अनभिज्ञ है एवं वह इसे तानाशाही के रूप मानती है।

ये घटना बेंगडूबी की है, जो सिलीगुड़ी के नजदीक आर्मी का बेस कैंप हैं। उनके पिताजी कर्नल एस.के. जैन कमांडेंट ऑफीसर के पद पर कार्यरत थे। उसी समय पाकिस्तान ने कारगिल में घुसपैठ आरंभ कर दी और भारतीय सेना द्वारा उसके प्रतिरोध करने पर युद्ध की स्थिति निर्मित हो गई। उनके पिताजी को कारगिल के लिए सैनिकों को भेजने का प्रबंध तुरंत करने का निर्देश प्राप्त हुआ। श्रीमती श्वेता सिंह को उस समय बहुत आश्चर्य हुआ कि एक नौजवान सैनिक, जिसका विवाह एक साल पूर्व ही हुआ था और वह पिता बननेवाला था, उसने छुट्टी के लिए निवेदन भी किया हुआ था, लगातार अपने पिताजी से जिद कर रहा था कि वह देश की रक्षा के लिए युद्ध में जाना चाहता है। उसकी पारिवारिक परिस्थितियों को देखते हुए कर्नल साहब उसे समझा रहे थे कि वह युद्ध में न जाकर अपने गृहनगर चला जाए,

परंतु वह सैनिक अपनी बात पर अडिग था और अंततः विवश होकर उन्हें उसको अनुमति देनी पड़ी।

श्वेता सिंह कहती हैं कि इससे उन्हें प्रेरणा मिली कि हमें समय की आवश्यकता के अनुसार अपने जीवन को जीना चाहिए। यदि युद्ध का समय है तो हमें लड़ने के लिए तैयार रहना चाहिए और यदि शांति का समय है तो आनंद से रहना चाहिए।

❑ ❑ ❑